サイレント国土買収

再エネ礼賛の罠

平野秀樹

角川新書

はじめに――すべては事実である

2022年秋、札幌で一人のアーティストが数千人の観衆に呼びかけた(1)。

「北海道という街は、その昔開拓民たちが一生懸命開拓した街だ。お願いだからこの自然に満ち満ちたこの土地を、外国人に売らないでほしい」

四国でも同じメッセージを投げかけた。――長渕剛《ながぶちつよし》である(2)。

「……だからね、これ以上外国人に土地を売らないでほしい！　僕たちの生きているこの日本、僕たちの敬愛するこの国は今おかしいです。みんな気づいてるよね？　僕は政治家じゃないから、政治のことはよく分からないけど。だけど『おかしい』ってことだけは感じることができる。マスコミに流されないで、人に流されないで……」

「とんぼ」「乾杯」「巡恋歌」……特別な感性から紡ぎだされた氏の作品は、私も大好きだ。批判を恐れずに発したその言葉――どうか、外国人にこの土地を売らないで。そこに込められた氏の心情の深いところはわからない。けれども、その声は多くの日本人たちの心に届き、静かに広がっているようだ。

宇多田《うただ》ヒカルさんが発信してくれたこともある。

日本の森林や離島がどんどん外国人に買われてる問題が気になってて、今日スタジオにあった新聞で「外国人・外国法人の土地取得を規制強化へ」という見出しを見て久しぶりに新聞ちゃんと読んだ！関連法案の行方、要チェックやで〜

（11年1月5日　@utadahikaru）

12年も前のことだが、宇多田さんは当日、東京新聞の記事を目にして、こうつぶやいた。このツイートは今もネット上に残されている。アメリカ育ちでイデオロギーなど感じさせない宇多田さんは、フラットに心配していたのだろう。

アーティストには独特の感性があるのかもしれない。誰よりも早く、世に漂う空気の変化を感じとり、未来の危うさを見通す予感力が。

私は「外国資本（外資）の国土買収」を追いかけて15年になる。

きっかけは、林野庁に勤務していたとき、外国人による目的不明の山林買収に気付いたからだ。林学を専攻した私は、このテーマがもたらす深刻さと無防備さを思い、研究を続けている。これまで『奪われる日本の森』（10年、共著）、『日本、買います』（12年）、『領土消失』（18年、共著）、『日本はすでに侵略されている』（19年）を発表した。

ただ発信力は限られているから、弓折れ、矢尽き、という状態が続いている。ほとんど勝ち目のない抵抗だったと思う。列島の今をいうなら、もう土地持ち一人ひとりの良心に頼るしかこの国土は守れなくなっている。そこまで追い詰められている。

長渕剛氏らの呼びかけがきっかけとなったのか、それから半年余り。ここにきて少しずつだが、風向きが変わりはじめているようにも見える。

北海道当別町《とうべつちょう》や山口県岩国市《いわくに》では、ソーラーや風力発電で山が乱開発され、風景が台無しになっても無視され、地元の人たちは訴える相手がいなくて戸惑っていたが、おかしなことに気づいた人たちが、立ち上がりはじめた。「地上げの値段が相場の10倍なんて何かがある」

と怪しむ人も出てきた。

人気者のコメンテーター橋下徹《はしもととおる》氏と上海《シャンハイ》電力との関係も話題を振りまいた。市長時代（12年）に、「上海電力向けに市有地を貸し出した件」が市議会で疑問視されたが、貸し出されたメガソーラー用地がチョークポイント（地政学でいう重要な海路）に臨む要衝地であっただけに厄介だ。

さらに、2023年になって中国の若い女性が沖縄の離島（屋那覇島《やなはじま》）を買ったことがSNSで拡散し(3)、これを見た中国人が「中国の領土にしてしまえば……」と反応した。これを日本のメディアが大々的にとり上げ、官房長官が会見で状況解説をするまでのニュースに発展した。

地元の伊是名村《いぜなそん》には「なぜ中国人に売った？」と、たくさんの電話がかかってきたというが、売った人や村を責めるのではこの問題は解決しない。離島や安全保障上の要衝地でさえ、ほぼフリーで売り買いできるという国の仕組みの方に問題があると私は考えている。

＊　＊　＊

この問題を論じるにあたり最初に断っておきたいが、「外資」には次の二つがある。

a　世界が認める法治国家（欧米等の先進諸国）
b　それ以外の国家（中国、ロシア、北朝鮮など）

本書がとり上げる外資は、主として後者bの外資だ。昨日までの契約が突然反故《ほご》にされたり、国際秩序やルールを平気で自国に都合のいいように曲解したり、守らない国である。

本来なら二大別すべき外資を、ごっちゃにするから本テーマの論点がズレていく。

そうした点が明確になっていないからか、外資の土地買収はこれまでしばしば報道されてきたが、一部を除くと踏み込みが弱いものがほとんどだ。この問題を長年見続けてきた私には、メディアはこの問題に消極的だと思える。土地買収が再生可能エネルギー（再エネ）名目の場合だと、むしろ歓迎されている。

「ソーラーや風力発電は、クリーンエネルギーですから」

「温暖化防止のために、何としても進めなければなりません」

本当にそうなのか？

私たちは毎月、再エネ促進賦課金《ふかきん》として電力料金の上乗せ金を泣く泣く支払っている。それを元手に、bの外資が日本の国土を買っていると私は見ている。その論拠を本書で紹介していきたい。

全国的に見ると、メガソーラー（大規模太陽光発電）では今、上海《シャンハイ》電力やＰＡＧ（香港《ホンコン》）など、中国系の数社が重要施設の周辺を押さえているし、洋上風力も、富山湾では明陽智能（広東省《カントン》）が担う流れになった。他にも参入機会をうかがっているフロント企業があちこちで見え隠れしている。

中国共産党中央委員会の機関紙である「人民日報」には、日本全国の売地情報が数十件以上まとめて何度も広告されているし、都心のタワーマンションのＣＭ広告は３か国語（日英中）仕様だ。中国語なら簡体字と繁体字で読める。

不動産業に関わる人たちは、たくさん不動産を売って、たくさん仕入れたい。商売とするにはそれが第一だ。だから、外国人向けに安心して投資してもらえるよう、日本のよさを大げさにアピールする。

①日本の法制度はしっかりしている。
②国籍による取得制限はしていない。
③契約や登記制度は整備されていて、問題が生じても司法がきちんと機能している。

④　建築基準法や都市計画法などの仕組みがあって安心して不動産が買える。
（日本不動産研究所　吉野薫主席研究員／「毎日新聞」22年12月30日）

しかし実際のところ、大都市部では8割以上の境界は画定できていないし、登記は任意だ。しなくともよい。違法建築、違法開発もやったもん勝ち。公権力は弱く規制できていない。日本にはこうした面もあるのだが、それは言わない。

そもそも、国内では土地さえ持てば無敵といっていいほどだ。

その所有権（私権）は世界一強く、公権力よりしばしば強い。土地の情報管理が脆弱《ぜいじゃく》だから、声の大きい者、喧嘩《けんか》の強い者が勝てるという昔の仕組みが残っている。弱肉強食だ。だから新規に購入を考えている強気の外国人には魅力的に映る。

逆に私は、日本の土地がそういう性格をもっているから、外資を恐れ、警戒している。国際秩序やルールを自分に都合のいいように解釈したり、昨日までの契約を突然反故にしたりする国からの投資が、２００８年以降、増え続けていることを心配している。

私は声を大にして言いたい。

「土地、とられていいんですか？」

「大家を外国人にして、これからは高い地代を払うんですか」

「立ち入り禁止の国土ばかりになってしまいますよ」

この15年間――。私は外資に買収された各地の土地を追ってきたが、その後に短期の転売を繰り返すケースを除くと、日本人が「買い戻した」「買い戻せた」という事例を知らない。日本の特異な土地法制からいうと、「買収される」ということは事実上、領土が溶かし込まれているのと同じだと思っている。

国土は買われてしまってはもうお終《しま》い――である。

しかし、どう考えても解せないのだが、こうした外資の動きを日本政府は警戒するどころか、旗振り役を務めている。19年の観光大臣サミット（北海道倶知安町《くっちゃんちょう》）も、わざわざ中国資本（ＰＣＰＤ社　李沢楷《リーツアーカイ》会長［当時］）が所有する土地と建物で開催した。

この前、Ｇ20の観光大臣会合を北海道のニセコでやりまして、ああした土地は、…外国資本が入ってこないと今の繁栄はなかったと思うんですよ。

（20年2月25日、衆議院予算委員会第八分科会、赤羽《あかば》一嘉《かずよし》国土交通大臣）

私が08年から問題だとしている本テーマは、かつては事例を探し出すのに苦労したが、今では事例収集に困らない。むしろ買収件数の多さと名前を隠して買収したケース（ダミー会社）の解読に手間取り、追いきれなくなっている。

＊＊＊

本テーマに対する評価や評判は割れている。

賛否両論真っ二つで、外資買収の賛成派・歓迎派は不動産業界や、中国本土と商いを続けている経済界の人たちだ。

「グローバルな経済活動の一つだから、何の問題もありません」

「売り手も望んでいて喜ばれています。何より合法的な売買です」

「買収に批判的な人たちは、根拠のない陰謀論を振り回しているだけです」

逆に強烈な反対派もいる。右派系メディアを主な舞台としている人たちで、警戒感をあらわにして言う。

「中国はけしからん」

「疑惑の上海電力が暗躍している」

「日本を乗っ取ろうとしている」

このようにことさら中国脅威論を煽《あお》り、センセーショナルで過激な発言を繰り返す。「上海電力に群がる売国奴たち」（『Hanada』22年12月）などが一例だが、政治的、商業的に利用されてしまっているように見える人たちもいる。このようにエビデンス（証拠）を欠いたまま、感情的な議論や行き過ぎた表現を繰り返していては、「陰謀論者だ」「反中評論家だ」といったレッテルを貼られ、かえって問題の解決を遠ざける。外資側からすれば与《くみ》しやすく、いつまでも騒いでいてほしいヘイトスピーカーやビジネス保守になってしまう。これは避けたいと私は考える。

私は「日本の法律を遵守しているのだから何ら問題はない」とする外資買収への無防備な歓迎論には反対だが、極端な排斥運動にも与しない。

その上で、次の三点を主張したい。

①わかっている買収事例は氷山の一角。名義貸しのダミー会社など、所有者不明となるようカムフラージュされているケースがほとんどだ。

②純粋な経済活動とは到底いえない場所の買収が混じる。いずれも資産隠し、脱税、外国政府の統制下による買収の可能性がある。とりわけ中国関係者が所有する土地は「国防動員法」によって有事になると母国（中国共産党）に徴収され、戦略拠点になり

かねない。

③日本の土地は、世界的に見て私権がきわめて強い。不当な占有が続くと、ガバナンスが危うくなるし、国土から生み出される将来の果実（収益）も失う。

特に重要なので、②に記した「国防動員法」を解説しておこう。

国防動員法とは、中国の法律（10年2月26日公布）で、「満18歳から満60歳までの男性公民及び満18歳から満55歳までの女性公民は、国防勤務を担わなければならない（第49条）」というものである。外国在住の中国人も対象となり、「公民及び組織は、平時には、法により国防動員準備業務を完遂しなければならない（第5条）」とされている。極端な話をすれば仮に、日中間で軍事的な対立が起きた場合、中国人や中国系企業が買収した土地と建物が中国側の国防拠点ともなり得るもので、数十万人に及ぶ在日中国人が国防勤務に就く可能性がある。

前著『領土消失』にも記したが、北京《ペキン》五輪の聖火リレー（08年4月26日）の際、長野市に暮らしていた私は、巨大な五星紅旗をもつ中国人留学生4000人による隊列行進と、チベット出身学生への荒々しい振る舞いを目の当たりにした。当時からチベット人に対する中国政府の差別的な扱いは、国際的に問題視されていた。

「ピッピッピー」

警官隊の鋭い笛は怒号にかき消され、あちこちで小競り合いがあっても警官は手を出さなかった。全日本中国留学生学友会の呼びかけに集まった留学生たちは、統制された示威行為を繰り返した。その一方的な暴力には唖然《あぜん》とするほかなく、私には国防動員法の予行演習のようにも見えた。

＊　＊　＊

さて現代に目を移せば、ロシアの侵攻で激戦地となっているウクライナ東部のドンバス地方はロシア系住民が多く、14年には同地方の一部が「ドネツク人民共和国」「ルガンスク人民共和国」としてそれぞれ独立を宣言した。といっても国際的にはロシアや北朝鮮など、一部の国だけが認めている。自国民を送り込み、ロシア系住民が多数となった地域を自国だと宣言し、領土の境界を変えてしまうやり方はロシアの伝統で、日本も樺太《からふと》において苦い過去を経験している。ロシアからの大量移民により実質的に支配され、樺太全島を放棄（1875年）している。北方領土は戦後77年を過ぎた今も1センチも返ってこない。

私たちはウクライナ戦争を遠い国の出来事と見ているかもしれないが、このまま進むと、北海道などに中国から大量移民が送り込まれ、一部の地区が「ドネツク人民共和国」「ルガンスク人民共和国」のように独立したり、中華圏の一部に変わったりするかもしれない。この問題を15年追い続けてきた私は本気で懸念している。日本政府による今のような現状肯定と不作為を続けていくと、不幸な歴史は繰り返されるだろう。

そうならないようにするため、ほぼすべての国が盾となる法律をもつ。外国人・外国法人に占有されない工夫がされているが、日本にはそれがない。無条件・無限定で国土を開放しているから、外資からの投資（買収）が日本へなだれ込んでいる。

しかも、ここ数年、豪州、ニュージーランド、米国、英国等は、中国による土地買収に対しての警戒感を強め、自国の規制強化に努めているが、日本だけがこの30年、新自由主義者たちの「規制緩和」を妄信し、国土の「切り売り」と「叩き売り」を容認し続けている。23年の通常国会でも企業（外資含む）による農地買収のさらなる規制緩和を「構造改革特区法」で実現する予定だ。

とはいえ詳細は本文（第一部第四章）に譲るが、多少の防御（ガード）ははじまった。

土地買収がオールフリーだった日本に、2021年、やっと新法ができた。「重要土地等調査法」だが、その規制エリアは限定的でとても狭い。規制は国境離島、自衛隊拠点、米軍基地、原子力発電所などの重要施設周辺約1㎞の範囲だけだ。先の中国の若い女性が買った沖縄の離島もこの法律の対象外で、法律的には何の問題もない。港湾、農林地、水源地も規制エリアになっておらず、規制された土地でさえも土地の「利用を調査」するだけで、土地の「売買」に踏み込めていない。

22年には経済安全保障推進法も成立したが、これまた強制力は限られる。民間事業者へのお願いベースの規制でしかない。こうしたことしかできない日本が歯がゆい。海外からの攻勢にさらされてもなすすべなく、やり過ごすばかりだ。

私たちが基軸にすべき考え方は、「土地は国土であり、所有者が誰で、所有目的が何であるか、それが不明であってはならず、公共の福祉に適《かな》うべきものである」ということではないだろうか。

時代の変化に合わせた本格的な規制の導入について、真剣に考え続けたい。

本書は、第一部では外資買収の中でも、特にグリーン化名目の国土買収を紹介する。北海道から九州、そして沖縄まで、「再エネだからよいことだ」と思考停止している間に、要衝地を次々と押さえられている。

第二部では、列島全域の重要インフラと要衝――港湾、リゾート、農林地、離島、産業インフラなどが、虫喰《むしく》い的に買収されている状況を現場から報告していく。

すべては事実《ファクト》――に基づいている。

（1）札幌文化芸術劇場hitaru、2022年9月10日（「スポーツニッポン」22年10月7日）

（2）香川レクザムホール、22年9月24日（（1）と同）

（3）ツイートされて話題になったのは、沖縄県伊是名村にある屋那覇島（74ヘクタール）で、海岸部は村有地。島の過半の38ヘクタールを21年、中国系の法人（東京都）が3億5000万円で買収した。23年2月13日、松野博一官房長官はこの島の件を会見で「特定の土地の所有者や具体の対応一つ一つについて政府としてコメントすることは差し控えますが、政府としては関連動向について注視していきます」とコメントした。

目次

第二章　グリーン化礼賛のツケ　96

1ヘクタール＝100m×100m。東京ドームは約4・7ヘクタール

本文中、特に断りのない写真は著者撮影

図版作成　小林美和子／ＤＴＰ　オノ・エーワン

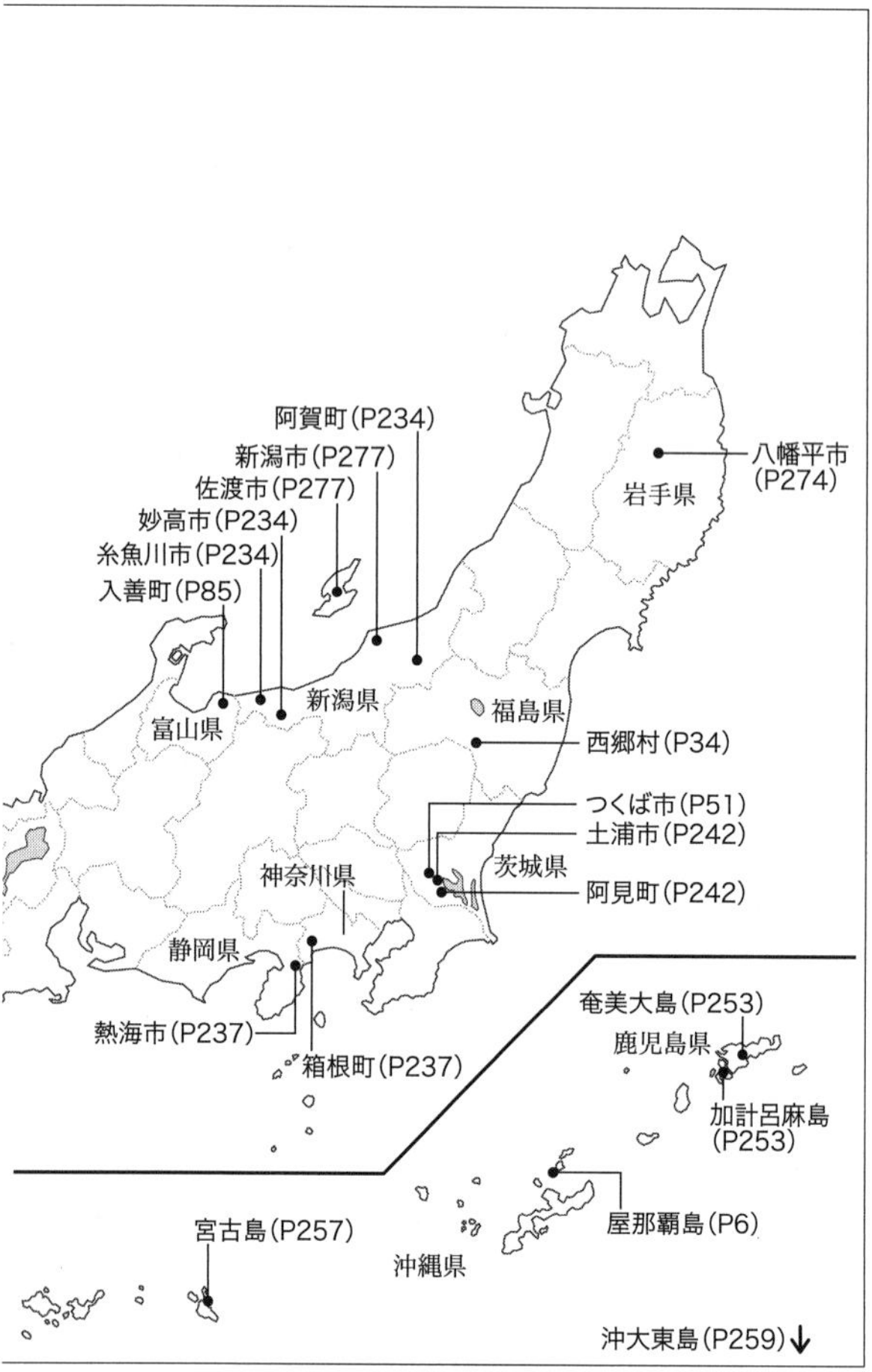

阿賀町(P234)
新潟市(P277)
佐渡市(P277)
妙高市(P234)
糸魚川市(P234)
入善町(P85)
八幡平市
(P274)
岩手県
新潟県
富山県
福島県
西郷村(P34)
つくば市(P51)
土浦市(P242)
茨城県
阿見町(P242)
神奈川県
静岡県
熱海市(P237)
箱根町(P237)
奄美大島(P253)
鹿児島県
加計呂麻島
(P253)
屋那覇島(P6)
宮古島(P257)
沖縄県
沖大東島(P259)↓

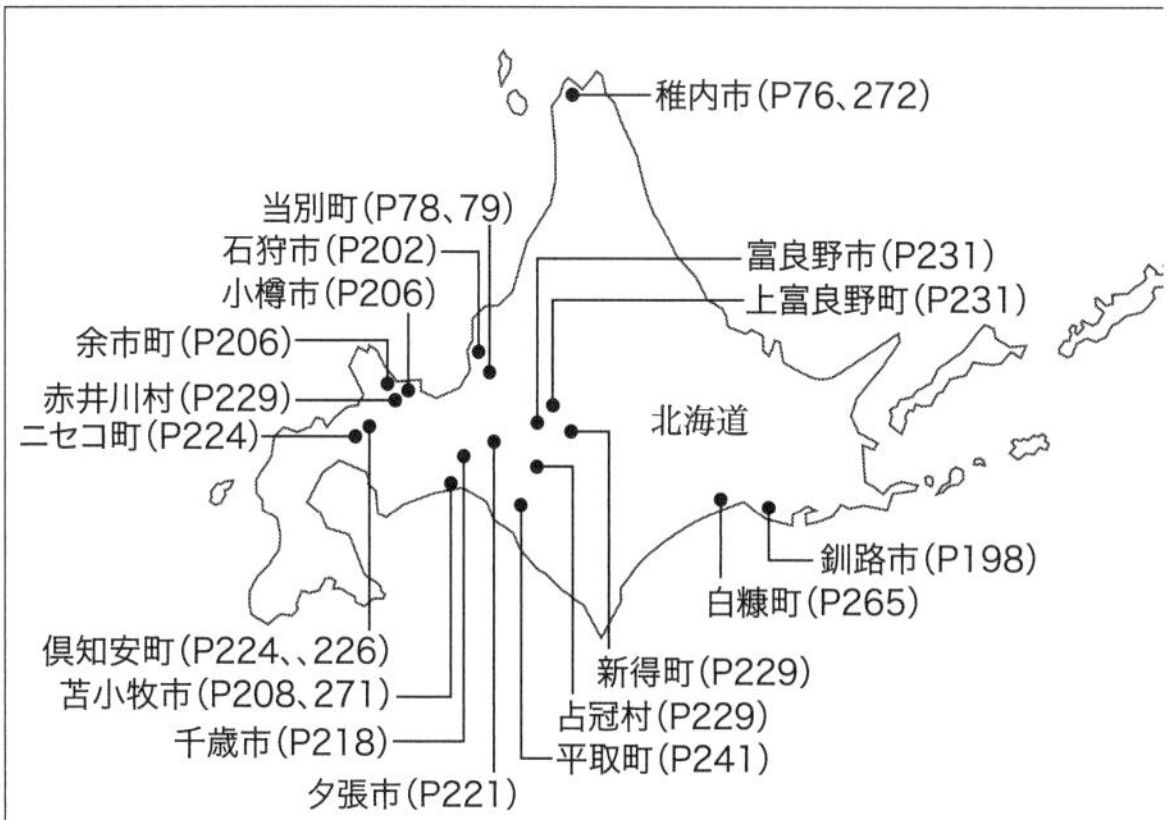
稚内市(P76、272)
当別町(P78、79)
石狩市(P202)
小樽市(P206)
富良野市(P231)
上富良野町(P231)
余市町(P206)
赤井川村(P229)
ニセコ町(P224)
北海道
釧路市(P198)
白糠町(P265)
倶知安町(P224、、226)
苫小牧市(P208、271)
新得町(P229)
占冠村(P229)
千歳市(P218)
平取町(P241)
夕張市(P221)

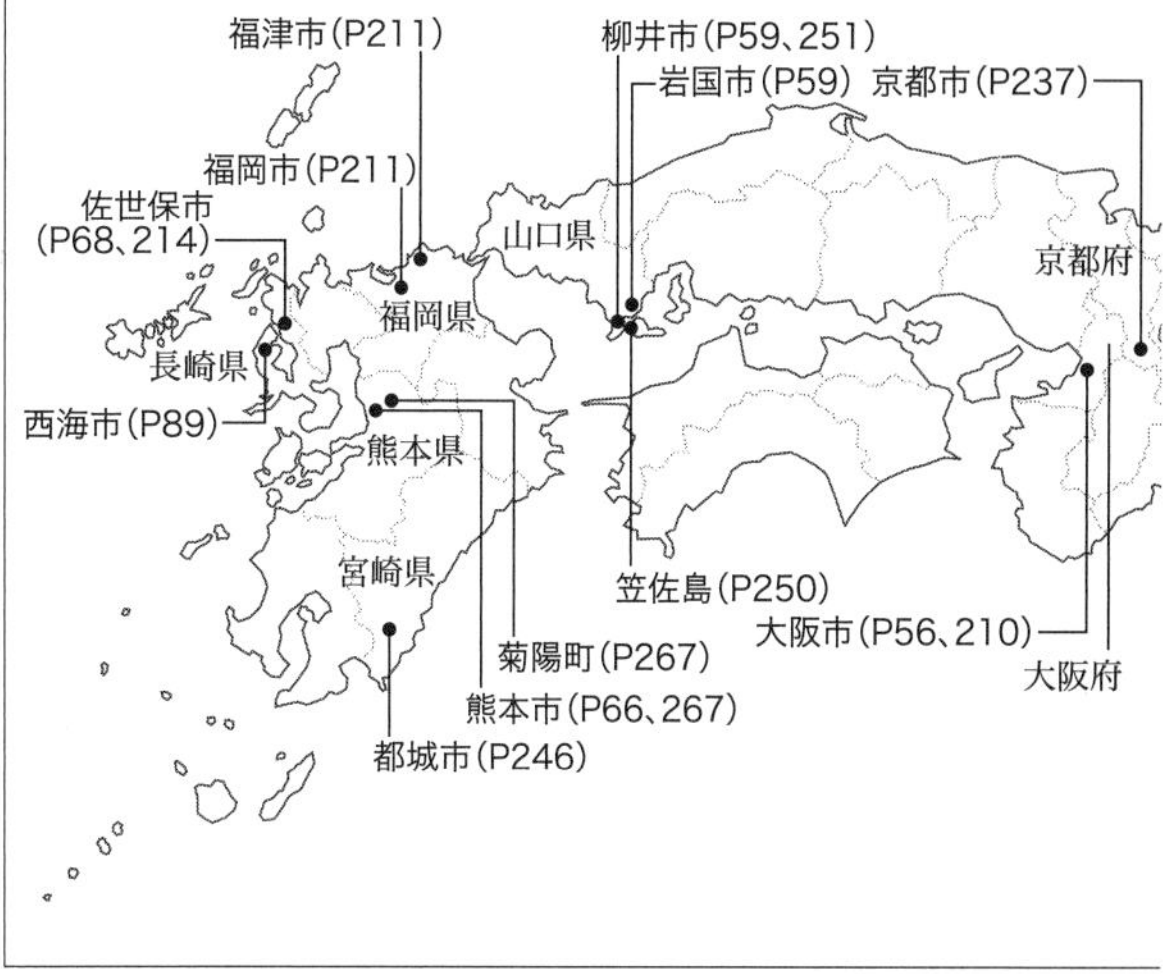
福津市(P211)
柳井市(P59、251)
岩国市(P59)
京都市(P237)
福岡市(P211)
佐世保市
(P68、214)
山口県
京都府
福岡県
長崎県
西海市(P89)
熊本県
宮崎県
笠佐島(P250)
大阪市(P56、210)
菊陽町(P267)
大阪府
熊本市(P66、267)
都城市(P246)

第一部

再エネの罠

「グリーン化に乗れ！」

「脱炭素化はすべての活動の出発点です……」

再エネ名目の土地買収が引きも切らず、再エネ大合唱がかまびすしい。

第一部では、これら再エネ事業について、メガソーラー、陸上風力、洋上風力の現場をルポするとともに、再エネシフトがもたらす弊害、ノーマークのまま進みつつあるエネルギーの外資化問題について報告していく。

また、外資による国土買収はなぜダメで、世界はどう対応しているか。世界標準の外資の買収規制を国別に見ていく中で、新たに制定された法律「重要土地等調査法」の限界と、今後に取り組まなければならない対策を考える。

第一章　グリーン化で加速する国土買収

山を切り裂いてパネルを敷き、山頂や海岸線に塔を立てて風車を並べる。森を全刈し、燃やして発電する。それがエネルギーの未来を約束する、新しい再生可能エネルギーのもう一つのすがただ。

1　巨大企業がリードするメガソーラー

上海電力を訪ねて——福島県西郷村（黒いワンボックスカー）

私は以前からグリーン化にまつわる外資として上海電力に注目してきた。複数の子会社をもち、合弁や提携の形でイラクやトルコなど、多くの国で発電所を経営している中国の巨大国営企業であるからだ。

福島県西郷村《にしごうむら》大字小《お》田《だ》倉《くら》字馬場坂（図１－１）。
２０２１年11月29日。

図1-1　上海電力のメガソーラー（福島県西郷村）

ようやく上海電力に視察させてもらえることになり、この日を迎えた。

迷いながらも何とかたどり着いた現場事務所は、高い鉄板の塀に囲まれていて、ひっきりなしに工事車両のトラックやバンが土ぼこりを上げながら出入りしていた。塀に貼られた赤いシールの文字「防犯カメラ作動中」がやけに目立つ。ゲートをくぐろうとすると、ビデオカメラらしきものがこちらを睨《にら》んでいた。

物々しい警戒ぶりが不自然に思えて緊張感を覚えたが、当日は地元西郷村でメガソーラーの問題を追い続けている大竹憂子《おおたけゆうこ》議員も一緒だった。ヘアスタイリストの彼女は、一期目の新人だ。取材を通して知り合い、情報交換するようになった。地元住民を代表して純粋に意見しているから臆するところがない。

駐車場には50台以上の車が並んでいた。かなり市街地から遠いが、多くの人がいて活気を感じさせる。車を止めてドアを開けるや、やにわに真新しい長靴が2足、目の前に差し出された。

「サイズは何センチですか？」

待ち受けていた男性は、私たちをそう迎え入れた。

同時に白いヘルメットも手渡された。こちらも新品のようだ。側頭部に印字されている文字は「国家電投ＳＰＩＣ 上海電力日本」。赤と緑が向き合う「国家電投」のロゴが添えられていておしゃれだ。顎《あご》ひもを締めるとなんだか身が引き締まって、背筋がピンと伸びた。

――現地での撮影はしてはならない。

前もって上海電力側からはそんな訪問条件が示されていた。写真は事務室でも事業地でも撮ってはならないという。その流儀はちょっと厳しいのではないか。写すといっても、伐採跡地と山を削った開発地があるだけなのだが。

案内者は3名の男性で、いずれも若い。30代だろうか。上海電力日本株式会社（以下、「上海電力日本」という）の東京本社幹部と、現地の事業会社の幹部2名だった。

黒いワンボックスカーは、私たち5人を乗せて出発し、場ちがいのように広い片側二車線の公道をゆっくりと走った。

写真1-1　総面積620ヘクタールのメガソーラー
（福島県西郷村馬場坂。2022年9月5日撮影）

山肌は抉《えぐ》られ、剝《む》き出しになっていて、道路の両サイドには信じられないほど広大な平地が次々と造成されている。

全体の広さは６２０ヘクタール。改変面積は２４０ヘクタールだ。ざっくりいうと、幅２km×長さ３kmの巨大な一団の土地にソーラーパネルを並べられるだけ並べようという計画である。ゴルフ場だと六つ分（１０８ホール）、サッカー場なら87面がとれる。完成後は約１６１メガワットの巨大発電所になるという。

ソーラー用地は、平面を効率的に造り出していかなければならない。ゴルフ場のようにアンジュレーション（地形の起伏）は生かされず、山を大胆に削っていく。周縁にある雑木林の高木はソーラーの表面に日陰をつくってしまうからすべて伐《き》り倒す。

とにかく規模が大きく、壮観である（写真１－１）。

長年、私は林野庁で働き、こうした林地開発現場を歩いてきたが、人里近くでこれほど大面積の皆伐と土地造成を見るのははじめてだった。かつてのゴルフ場開発よりも伐り方が激しく、生態系へのインパクトが大きいのは間違いない。

ガイド役のK氏は、上海電力日本のほか、現地の事業会社「株式会社そら，p」（以下、「株式会社P社」という）と「NOBSP合同会社」（以下、「N合同会社」という）に兼務する饒舌《じょうぜつ》な方で、よく対応してくれた。地元議員が村議会で見境なく暴れることなどないよう、現地の説明責任者として最大限の配慮をしているように私には思えた。

（懸念があるというならすべて払拭《ふっしょく》する）

（しかし一言も聞き漏らさず、必要以上には決して話すまい……）

内心はうかがい知れなかったが、きっと上海電力側の3人は、皆がそのような気構えを徹底していたのだろう。

それゆえ、理由はよくわからないが、上海電力側の説明が一段落するたび、私たち5人が乗る車内には何とも言えない、いやーな沈黙が数十秒続き、それが何度も繰り返された。苦行のように思えた。

ガイド役のK氏は話をつなごうといろいろ気を遣ってくれたが、狭い車内のその重苦しい、微妙な空気が変わることはなかった。

（世界最大の発電企業）

上海電力日本は、国内ではあまり報道機関の取材を受けない。2022年秋以降、同社のHPもメンテナンス中ということで、半年間も閉ざされたままだった。

そうした傾向は、13年9月の創業当時からのようで、東京・丸ビルにある本社は取材に応じなかったらしい。朝日新聞アエラの山田《やまだ》厚史《あつし》氏（元編集委員）も断られた一人だ。

日本法人の責任者への接触を何度か試みたが、「忙しい」「外国出張中」という返事ばかりで、会えなかった。上海の本社に電話してみたが、「日本のことは日本の会社に聞いてくれ」とにべもない。

（「Asahi Shimbun Weekly AERA」14年1月27日）

それから10年、上海電力日本は躍進した。

経団連の会員には15年になっている。中国企業ではファーウェイに次いで二番目で、両社は今も会員である。上海電力日本はこの間、若くて優秀な転職組を採用し、再エネ政策のメリットと地元対策を徹底して研究してきたものと推測する。なぜなら、13年当時と比べると、企業としての存在感と日本経済界への浸透具合には隔世の感があるからだ。

上海電力日本はこれまで、資源エネルギー庁から全国で90か所以上の認定（事業計画認定）

を受け、事業を全国展開させている。昨今はソーラーのみならず、風力、バイオマス（間伐材）の分野にも進出しており、国内有数の発電事業体になっている。

歴史を遡《さかのぼ》ると、上海電力（上海電力股份有限公司）の伝統のすごさがわかる。

華東地区最大の電力会社（本社　上海市）で、1882年、世界で三番目、アジアで初めて電灯を灯《とも》したという。1930年代には米国資本に買収されていたが、清国の共同租界の中で配電独占権をもっていた。当時、覇権争いをしていた日本は、この上海電力がほしかった。大阪毎日新聞は次のように報じている。

上海電力の日本電力への合流を政治的に解決するかせねばならない。…上海電力の買収は当然来たるべき問題である。（1938年2月4日）

列強諸国を前に日本が思うような買収はできなかったが、時代は下って、2012年。八十余年の時を経て、基幹電力インフラへの進出という意味において、日中両国の立場は逆転した。

上海電力の売上高は12年に約2500億円までになり、翌13年、日本で全額出資の子会社をつくった。上海電力日本（本社東京、設立時資本金89億円）である。グリーンエネルギー発電事業への本格参入を見込んでの設立だという。

現在の上海電力日本の総元締めは、「国家電投ＳＰＩＣ」（国家電力投資集団有限公司 State Power Investment Corporation）だ。筆頭株主（46・３％）で、私が福島県西郷村で被ったヘルメットにも印字されていた企業である。

この「国家電投ＳＰＩＣ」は国有独資会社（国家が１００％出資の国有企業）で、従業員総数はおよそ13万人。企業の規模として東京電力の約3倍だ。その発電規模は1億５０００万キロワット（21年）。うちクリーン発電設備（原子力含む）が過半数（50・５％）を占める。太陽光発電に限れば、世界最大の事業者である。

伸びゆく国家電投ＳＰＩＣの鼻息は荒く、25年の総発電設備は2億２０００万キロワット、35年には2億７０００万キロワットにまで増やす計画をもつ。

同社は、ブラジル、チリ、豪州でも、再エネ発電を積極的に展開しており、この先、原子力や太陽光などのクリーン発電設備のウェイトを今の50・５％から、25年には60％、35年には75％にまで引き上げるという。当然のことながら、これらクリーン発電設備の目標数値の中に、日本国内での太陽光等発電事業の飛躍的拡大もカウントされている。

新電力の参入が人気だった頃、環境省の中ではこんな評価が交わされていた。私が耳にした話である。

「同系グループをつくって、発電、送電、配電、さらに小売りまで一貫流通させることを視野に入れているでしょう。儲《もう》かるのは小売り（家庭向け）だからね……」（電力大手幹部）

そんな思惑さえ想定される外資の巨大国有企業に対し、何の警戒感もなく、諸手を挙げて歓迎し続けてきたのがニッポンだ。

経産省新エネルギー対策課長は再エネ導入当時の14年、次のように発言していた。

「外国資本でも日本で法人格を取得していれば排除することはできない」

「登記が完了しているなら経産省は口出しできない」

（前掲「AERA」）

（不可解な所有者）

ワンボックスカーは西郷村の赤茶けた開発現場をいくつも廻《まわ》った。

最後の現場で車から降り、調整池の予定地をしばし眺めながら、私は聞いてみた。

「このあたりの土地はいつ頃、買収されたのですか？」

上海電力日本の東京本社幹部は即答した。

「うちは全て借地ですから」

「……」

一瞬、絶句してしまったが、事業用地はすべて借地であって買収地はないという。つまり上海電力は日本の土地を買収していないというわけだ。

後日、調べてみると、確かに当該地の登記簿に上海電力日本株式会社という名称は登場しない。登記簿上の所有者は都内台東《たいとう》区に所在する西郷ソーラ発電株式会社で、資本金300万円、役員一人（日本人）である。土地所有権は2014年3月24日に取得していた。

これだと、その土地は「外資や外資系法人によって国土が買収された」という事例にはあてはまらない。それゆえ、農水省林野庁が公表している資料「外国資本による森林取得に関する調査」に西郷村の買収事例は一切登場しない。

経産省資源エネルギー庁の公表資料「再生可能エネルギー事業計画認定（旧設備認定）情報」も同様だ。上海電力や上海電力日本の名前は全く出てこない。発電事業者として公表されているのは、資本金1万円の株式会社P社と、資本金100万円のN合同会社の2社だけだ。そう、先に紹介したガイド役の男性が兼務しているという会社だ。このちっぽけな2社が当地に地上権を設定し、620ヘクタールという巨大メガソーラーの事業者となり、国による高額な電力買上げを受けている。

しかし現地では、誰もが「ここのソーラーをやっているのは上海電力だ」といい、現にこうやって現地案内をしてくれるのも、上海電力日本幹部と、上海電力日本、株式会社P社、N合同会社の3社を兼務する社員らである。

どういうことかというと、株式会社P社とN合同会社は上海電力（中国）の孫会社に相当する。大事なところは、この孫会社の2社がいずれも上海電力や上海電力日本とは別法人であるということだ。

法人登記によると、株式会社P社の代表取締役は「上海電力日本の代表者、施伯紅」であり、N合同会社の代表社員は「法人としての上海電力日本株式会社」である。2社とも法人の所在地は、上海電力日本の本社住所（東京都千代田《ちよだ》区）と全く同じになっている。

これを知って私は「ははーん」と思った。なぜなら、外資による国土買収の現場においては、こういった企業構造は特異なことではないからだ。

実はメガソーラーはじめ、各種再エネ事業で規模が大きい事業者の場合、国内企業も外資企業も、大半がこのスキームを採用している。会社形式は合同会社のものが大半だ。

なぜこうした構造にするのか。知り合いの弁護士に聞いてみた。

「合同会社など別会社をつくるのは、税務対策や倒産隔離が理由です。事業者責任が争われるようなトラブルに発展したとき、直接の事業者（合同会社）を倒産させることで、投資家に追加の補償が求められることを防ぐことができます。カムフラージュの効果も期待できます」

合同会社は資産の流動性を促し、投資を呼び込みやすくするとともに、出資者の秘匿性も確保できる。

事業者にしてみれば、不測の事態に備えて、こういった二枚腰的な事業システムとすることは、当たり前の選択肢にすぎないというわけだ。予測不可能な事態が生じたとき、身を守るために最適の事業スキームであるからだ。

西郷村のケースについて整理してみよう。620ヘクタールの土地所有者は資本金300万円、役員一人の西郷ソーラ発電株式会社という法人で、その土地に上海電力の孫会社である資本金1万円の株式会社P社と、資本金1000万円のN合同会社が23年間の地上権を設定して、メガソーラー事業を行っているというものだ。

この場合、事実上の事業の采配者《さいはい》（支配者）は上海電力と見られるが、名義上の土地所有者は日本企業（日本人の役員一人）であり、地上権は孫会社の株式会社P社とN合同会社が有しているため、政府の統計上の扱いでは、「外国人・外資及び外資系法人による国土取得」には該当せず、したがって注目されにくいのである。

（アウェイでも強気）

上海電力日本が各地の発電プロジェクトの推進に細心の注意を払い、慎重であることは、この日の地元議員とのやりとりでもわかった。

上海電力日本の現場事務所で、地元西郷村の大竹議員はこう訴えた。

「昨年夏の大雨のとき、開発のせいで道路が川になったんです。下流の用水路や農地に土砂がここにこう流れ込んできて、大変だったんですよ」

低いテーブルに置かれた地図を前に、ガイド役の合同会社幹部は即座に切り返した。

「それほどの被害はなかったと思いますが。流域が我々のところ（開発地）とは別の場所ではないですか？」

住民を代表しているから彼女も食い下がる。地図の場所を具体的に指さした。

「いや、ここのところの道路が川になったんです。その泥が田んぼにも入って……」

しかし、上海電力日本側は認めない。

「流域の傾斜はこうで我々の地区からは別の方向に流れていっています。傾斜の向きがちがうのではないですか」

本社幹部がそうダメ押しした。我々のせいではないと力説しているように私には感じられた。

針の穴さえ通させない、蟻の一穴とさせてはならない。そこに企業としての強い意志を感じた。

「そうではないのですが……」

納得いかない地元議員は、もう一つ問うた。

「工事が始まってから下流にあるこの集落でイノシシが出てきたんです。長年そこに住んでいる方が『こんな近くまでシシ（猪）が下りてきで……、こんなことはぁ初めてだぁ』って言ってました。工事の影響じゃないんですか」

齢《よわい》80という現地の古老が戸惑っていた様子を紹介したが、すかさずこの問いかけにも反論した。合同会社幹部は、首をかしげながら、

「うち（上海電力日本）ではなく、すぐ傍の山（集落に隣接する山）を開発したことが影響していたんじゃないですかぁ」

本社幹部も畳みかけた。

「別の（ソーラー）事業者による開発のせいでしょう」

私は黙って両者の話し合いを聞いていた。

イノシシ出没の原因とする「すぐ傍の山」とは別のソーラー発電所のことである。上海電力日本とは別の企業で、その面積はわずか４ヘクタール。上海電力は６２０ヘクタールだか

ら、桁《けた》が二つも違う。

大型野生動物の行動範囲とこれらの開発規模との関連からいうと、一方的に上海電力が反論する内容は無理目のような気がした。


（オオタカの巣を引っ越しさせる）


そんな強気な説明ぶりは2018年の住民説明会でもあったという。

地元福島県の渡辺康平《わたなべこうへい》県議会議員によると、希少生物オオタカの生息が確認されている区域内で開発が行われる懸念に対し、事業者の株式会社P社とN合同会社はこう説明した。

「オオタカの巣を代わりに（我々が）作って、区域外へ引っ越してもらいます」

これを聞いた地元住民は、対策の杜撰《ずさん》さを嘆くとともに、「そんな漫画みたいなことができるはずはなかろう」と呆《あき》れたという。

もっとも、いろいろやりとりはあったものの、上海電力側としての言い分もあろう。私たちが訪問したタイミングは、アセスと呼ばれる「事業者が開発以前に終わらせなければならない環境影響評価」の期間はすでに終わっていて、事業の着手後（事後）に行う「事後調査」の段階であった。開発以前の手続きについては事業者として着実に進めていたわけだ。

（手続きは法に則《のっと》ってすでに終えているわけだし……）

（今さら問題を蒸し返されても……）

本音はきっとそうで、事業のプロセス上、こうした事業遂行への強い決意や姿勢は譲れないもので、当然の主張だったかもしれない。複数年以上かかるアセスを一からやり直すというのは、到底受け入れられないのだろう。

今回の私たちの訪問に対し、事業者として終始強気だった理由も、その辺りにあったと見るべきだろう。何より合法的にやっているのだから、アウェイ（他国での活動）であっても終始、強気で前進あるのみなのだ。

（二文字違いの事業者）

そんな上海電力日本に対して、住民や行政に不満や懸念がないわけではない。

もう一つ別の現場、西郷村羽太《はぶと》地区のソーラー用地（図１－１）は、陸上自衛隊白河布引《しらかわぬのひき》山《やま》演習場に近い場所にあるが、最初の事業者「合同会社ＳＪソーラー白河」から２０２０年3月13日、二文字だけ白シールを貼って修正追加した新事業者「合同会社ＳＪソーラー白河1号」へ譲渡され、県への申請も終わっていた。この譲渡に気付くのは相当難しいだろう。

問題はこの譲渡によって、元々の事業者が地区住民との間で交わしていた説明会での約束事が反故にされてしまったことだ。説明会では元々の事業者が道路を新しく敷設することを約束していたのだが、その後の計画変更のことも、事業者変更のことも住民側には知らされず、放置されていた。

この説明会に出席し、地区住民と一緒になって道路の新敷設の約束を交わしたのが、私と同行してくれた大竹議員で、最初の事業者合同会社ＳＪソーラー白河が開いた説明会の説明役が、今回のガイド役のＫ氏だったという。Ｋ氏は先述したとおり上海電力日本の社員と株式会社Ｐ社Ｎ合同会社の幹部職の三つも兼務している。

大竹議員は今回の視察が終わり、ワンボックスカーを降車してからも執拗《しつよう》にこの約束事についてＫ氏に問い糺《ただ》した。

「住民は『説明会で約束していた道路が（譲渡先の業者によって）違うところに付けられている』と言っています。譲渡したから知らないでは済まされないのではないか。譲渡先が説明会をしないのはおかしいのではないですか」

Ｋ氏の歯切れは悪く、しどろもどろで言い訳めいて苦しそうだった。

しかし「合同会社ＳＪソーラー白河」と「合同会社ＳＪソーラー白河１号」は別法人なので、結果的に、先の事業者の約束事を新事業者は継承しなかった。

口約束で甘いことを聞かされ、ＯＫを出したら、後で社名を変えられて反故にされてしまったという経緯である。口約束では何の保証にもならない。文書に残したり写真で記録しておかないと忘れ去られてしまう。住民側は結局、泣き寝入りで、行政や住民たちの交渉力が弱いと対抗できないのだ。

監視カメラ、強気の反論、繰り返される事業者の変更、約束事の置き去り……。

グローバル企業は合法的だが簡単ではない。手強《てごわ》いのである。

日本最大の営農型ソーラー――茨城県つくば市

福島県の隣、茨城県にも上海電力日本は進出していた。こちらのソーラーも規模が大きく、国内最大の営農型ソーラー（ソーラーシェアリング）である。

ソーラーシェアリングとは、農地の上に背の高いソーラーパネルを並べて、太陽光発電を行うというものだ。優良農地なのにソーラーの方がメインになり、農業がおろそかになってしまうという例が後を絶たない。ＦＩＴ（再生可能エネルギーの固定価格買取制度）の期間が終わったら商売としての旨《うま》みがなくなるため、耕作放棄地になることも懸念されている（第一部第二章で詳述）。

つくば市の「水杜《みもり》の郷《さと》」が手がけるソーラーシェアリングの面積は54ヘクタール。着工は２０１６年。耕作放棄地だった当地に対し、上海電力日本は１３０億円を投じ、約35メガワット相当分の13万枚の高床式パネルを並べた。

太陽光パネルの下で高麗《こうらい》人参とセイヨウニンジン、ドクダミ、牧草などを栽培する一方、ソーラー発電は、上海電力日本が7割、水杜の郷が3割を出資してつくった会社「株式会社SJソーラーつくば」が行う。代表取締役は上海電力日本の施伯紅社長が務めており、住所は東京都千代田区丸の内2丁目4番1号で、上海電力日本と同じである。

「農家は高い地代が得られるし、作業に加われば賃金も得られる。上海電力日本には国から年間14～16億円が入る。お互いウィンウィンで喜ばれています」

私の取材に対して水杜の郷の担当者はそう説明してくれた。

ところで、事業者が儲かって仕方がないというこの仕組み、FIT制度を定めた法律について ここで説明しておこう。

現在、再エネバブルともいえる状況を引き起こしている大もとである「FIT法」(電気事業者による再生可能エネルギー電気の調達に関する特別措置法)は、11年に成立したもので、再生可能エネルギーからつくられた電気を、電力会社が一定価格で一定期間買い取ることを国(経産省)が保証する制度である。当時の菅直人《かんなおと》首相が「これを通さないと首相は辞めない」とまでこだわった法律だ。

ペーパーカンパニーでも個人でも、発電事業者が経産省に計画を申請し、いったん設備認

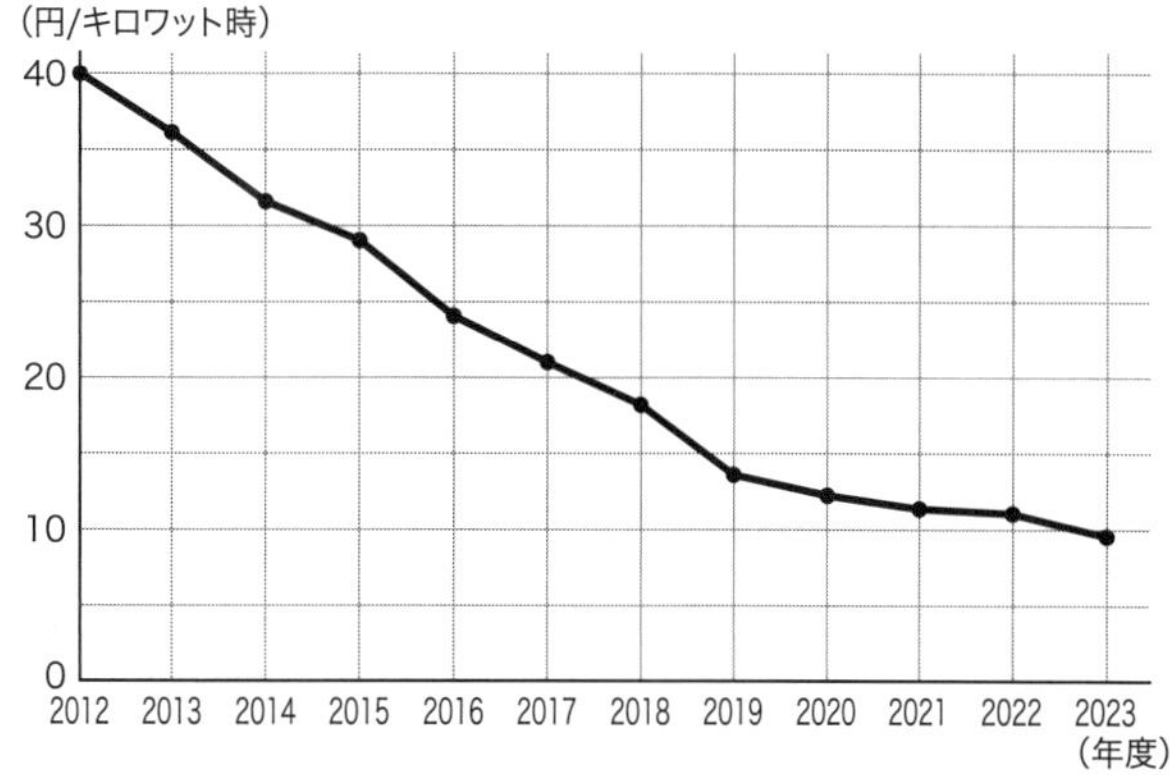

図1-2　太陽光発電（ワット数が最大の領域）の買取価格の推移（出典　資源エネルギー庁「なっとく！　再生可能エネルギー」、および資源エネルギー庁2021年1月「2021年度以降の入札制・調達価格等に関する残された論点」。2017～22年度は各年複数回の入札価格の平均値をプロットした）

定を受けると20年間にわたり一定価格で国が電力を買い続けてくれるという緩々の制度だ。政府は事業者を後押しするため、当初の認定ハードルを下げ、形式審査だけの設備認定が乱発された。買取価格も太陽光発電で40円／KW時（12年）と、国際平均価格の2倍以上だった。ドイツの12年の買取価格は、17円程度／KW時である。しかもいったん認定を受けると、発電事業はいつ始めてもよく、パネル設置は建築基準法の対象外だし、地元自治体の同意も不要だった。土地の取得も見込みレベルで認可が下りたので、地上げは後からでもよかった。

当然、この旨みを知った早耳事業者

たちがなだれ込み、さながら再エネバブルといった状況となった。

これではまずいと、17年に一部見直しが行われ、事業性等のチェックが厳しくなり、20年からは環境への観点からアセスが必要となったが、それ以前の早い段階に設備認定された案件はそのまま有効だ。政府による買取価格も今でこそ9・5円／KW時（23年度）にまで下がったものの（図1−2）、初期の頃に認定された高額な買取価格（12年40円／KW時、13年36円／KW時など）は、発電開始後の20年間ずっと保証される。

それゆえ12年度や13年度に認定された設備認定書は「プラチナカード」とされ、「高利回りの金融商品」になって出回った。今、各地で問題になっているソーラー開発事案のそのほとんどが、この拙速な制度設計による制度不備に起因している。

ちなみにこの高額買取を負担するのは私たち消費者である。「再エネ促進賦課金」として平均世帯当たり約1000円を、全国民が泣く泣く毎月支払っている。


話をつくばのソーラーシェアリングに戻す。

このプロジェクトへの期待の大きさは、訪問者の顔ぶれでもわかる。

水杜の郷のパンフレットによると、中国程永華駐日全権大使、中国国家電力投資集団（SPIC）王炳華会長、上海電力有限公司王運丹会長など、政府と各社のトップが訪問したことが写真付きで掲載されている。

耕作放棄地解消の優良事例として賞賛される当プロジェクトだが、当地の地権者である１６０人は、ここでのＦＩＴ制度が終了する36年以降、高い賃料（10万円／反）が得られなくなったとき、どうするのだろう。契約条件の前提に変化が生じたとき、各人がもつ農地の所有権はどこへ行くのだろう。この発電所が継続するかどうか私は不安を覚える。

発電料金が３分の１程度に値下がりし、地代が下がっていくと、地権者にとっては逆に管理費や維持費がかかって、支出（持ち出し）が生じてしまう。そうなると、「売却して清算しましょう」という提案にはすぐ食いつくだろう。

また、農地所有者の代替わりが進んだとき、先祖伝来の農地を手放すことも出てくるはずだ。遠くに暮らす子世代が戻ってきて再び農業を始めることは全国的にも稀《まれ》である。

「そこを見越してソーラーシェアリングをはじめているのではないか」

そう予測する農業専門家もいるが、あながち外れていないと私は考える。

当地の場合、ＦＩＴが終了する36年頃から一網打尽の農地のまとめ買いが、きっと成立するだろう。

大阪市南港咲洲メガソーラー——大阪市

上海電力の話が二つ続いたが、三つ目の大阪も上海電力だ。

どうしたことか2022年の春以降、上海電力がらみの話題が続いた。「大阪市南港咲洲《なんこうさきしま》メガソーラー」も話題になった（図1－3）（写真1－2）。10年前の橋下徹市長時代の話が、蒸し返された。

12年、大阪市は海沿いの当該市有地4万9999・15㎡を民間に貸付したのだが、本件について、前田和彦《まえだかずひこ》市議（自民党）は大阪市会会議において、次の主旨で当局を質《ただ》した。

「一連のプロセスが拙速であり、かつ入札後に貸付相手が二転三転し、最終的に上海電力日本株式会社に貸し出されている……」

「最初の貸付相手（民間連合体）がほどなく合同会社に変わり、次に、合同会社の出資者に上海電力日本が加わり、『大阪市南港咲洲メガソーラー』を稼働させ、今日に至っている。この事後的に構成社員になった上海電力日本は、もともと入札条件を満たしていない会社である。これら一連のプロセスが恣意《しい》的である。大阪市として十分な説明をしていない」

（22年9月22日、大阪市建設港湾委員会より抜粋）

最初からの出来レースで、上海電力日本に貸すためにこうしたプロセスを踏んできたのではないかと言わんばかりだが、私には最初言いがかりのように感じられた。

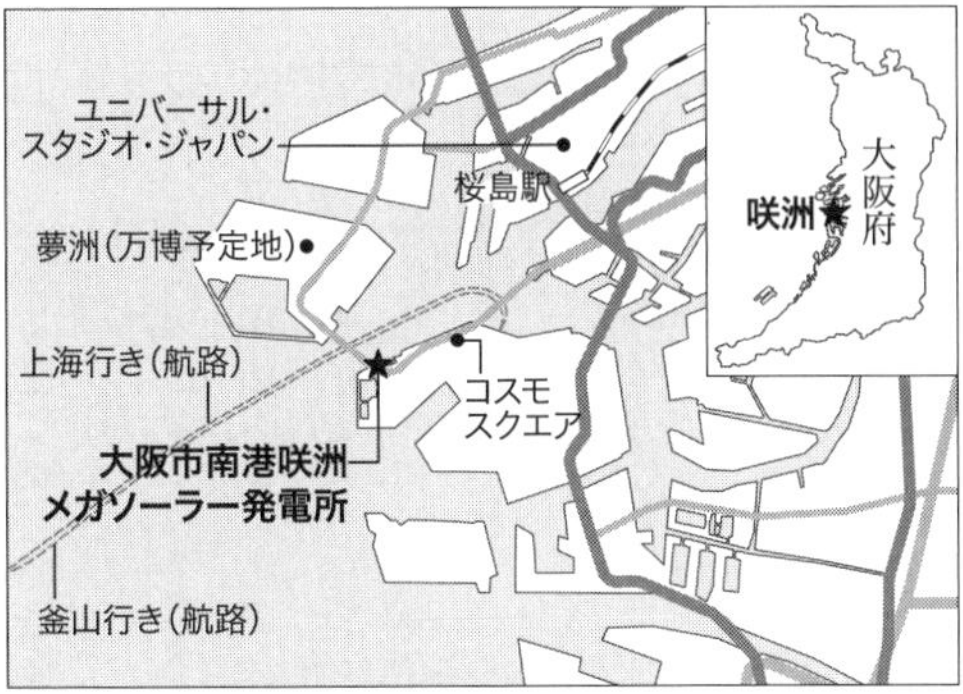

図1-3　大阪市南港咲洲メガソーラー

写真1-2　上海電力日本のHPのトップ画面に掲載されている大阪市南港咲洲メガソーラー（出典　国家電投SPIC上海電力日本株式会社HP）

再エネをめぐるこのような転売・加入・退社については、福島県西郷村の「合同会社ＳＪソーラー白河」の箇所でも見てきたように、新しい企業構造による事業のやり方として珍しくはないからだ（参照　本章末コラム「合同会社の秘密」）。出資はさまざまな目的や思惑をもってなされ、出資メンバーの入れ替わりが繰り返されるが合法的だ。

ただ問題の核心が「市有地の貸付手続き上、貸付相手方が二転三転したが、各局面ごとに市は、十分かつ適正に貸付相手方を審査した上で貸付したかどうか」という点にあり、忖度《そんたく》があったかどうかというところにも焦点を当てていくと、当局側の説明には少し無理があるように思えた。

加えて、本ケースが厄介で注意しなければならない点は、そのメガソーラーの立地にあろう。

咲洲メガソーラーの場所は、大阪湾に浮かぶ人工島（コスモスクエア地区）の突端部で、万博が行われる夢洲《ゆめしま》の対岸に当たっている。大阪港から上海、韓国へ向かう船舶はこのチョークポイントを通過しなければならず、中国湖北《こほく》と日本関西を航路でつなぐなら、この前を必ず通ることになる。

いわば要衝に相当する。

そういう立地であるのだから、市有地の貸付先の選定には多面的な配慮が必要で、より慎重な対応が求められるはずだっただろうが、大阪市は当時、「安全保障は自治体の判断を超えるもの」としてスルーしてしまったのか。あるいは知ってはいたが、知らなかったことにして上海電力日本側に貸し付けてしまったのか……。

結果、当地は上海電力日本にとってのメガソーラー発電所となり、FIT制度に基づく固定価格での電力買取が国により続けられている。

同社が手がけたSJソーラーつくば発電所を例に収益を見てみると、年間発電売上げは1億4000万円程度（SJソーラーつくばは54ヘクタールで、電力買取収入は約15億円）と想定される。設備維持費、減価償却費のほか、大阪市へ支払う土地賃貸料の年間660万円などを差し引いても、少なくとも年間5000万円以上は残るとみられ、かなり旨味がある事業である。

なお、このメガソーラーが上海電力日本にとっての「国内第1号」であったという点もファクトとして記しておきたい。

米軍基地周辺のメガソーラー――山口県柳井市・岩国市（岩国《いわくに》基地南方メガソーラー）

山口県周防大島《すおうおおしま》――。民俗学の巨人、宮本常一《みやもとつねいち》の故郷の島から太陽がぎらぎら照りつける

写真1-3　広大な平地（79ヘクタール）の用途は不明（山口県柳井市阿月）

瀬戸《せと》内海《ないかい》越しに本土側を望むと、濃い緑の中に中国系メガソーラー「柳井ソーラー発電所株式会社」のパネルが黒々と並んで見える。

続きの山岳に剝き出しの開発地が二か所際立っていたが、規模は隣にある柳井ソーラー発電所株式会社のものよりもさらに大きく、10㎞離れた周防大島の展望台からも明確に見通せた。

現地まで車を走らせてみると、すでに海沿いの79ヘクタールの森を伐り倒し、巨大なブルドーザーが20台以上、土ぼこりを上げながら大量の土砂を下方に押し広げている。野球場なら何十面もとれそうな広大な平地が出現していた。柳井市の「阿月《あつき》メガソーラー群」（以下、「阿月MS」という）で、運営管理主体は、アール・エス・アセットマネジメント株式会社（本社東京、以下「RS社」）である。

それにしても、ソーラーパネルを並べるだけなのに、これほどまでに大掛かりな開発が必要なのか。その広大な平地は、何か巨大施設の建設用地にしていくつもりなのか（写真1－

3)。

そもそもこれらの土地を外資系や出資者の顔がよくわからないファンドが所有したり、管理していることが問題だろう。

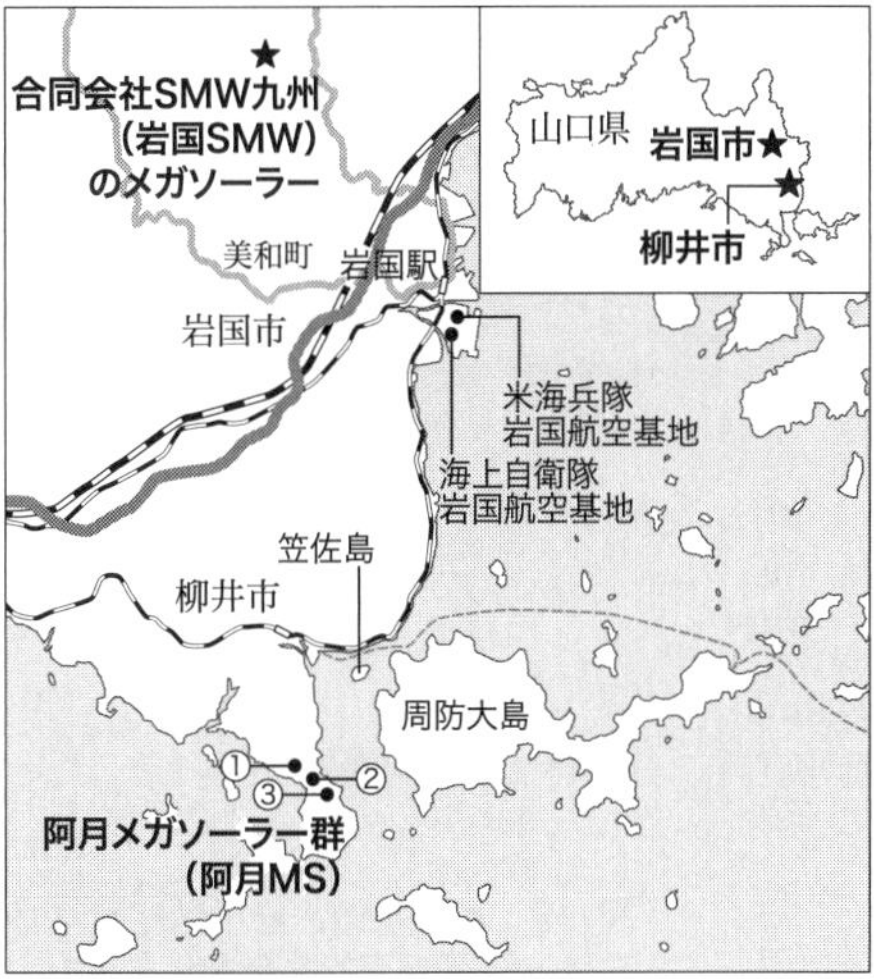

図1-4　岩国基地の南方と北方のメガソーラー。米軍基地を挟んでいる

上の図1-4で①②③と記したところの写真。①は稼働中の柳井ソーラー発電所、②③は開発中の阿月メガソーラー群。図1-5で示す通り、安全保障上の要衝だ

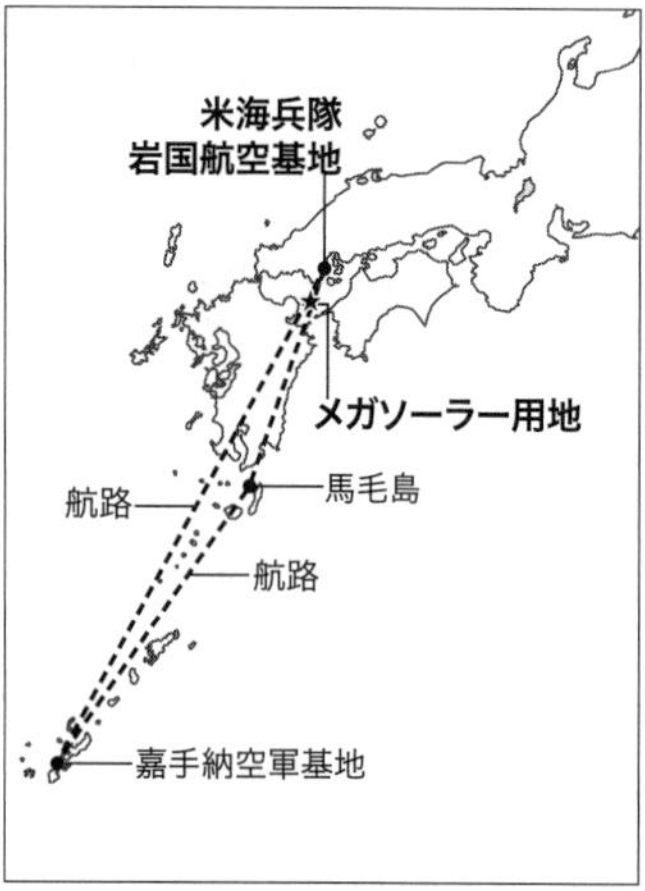

図1-5　岩国基地と嘉手納空軍基地を結ぶ航路直下で開発されたメガソーラー

なぜなら「柳井ソーラー発電所」と阿月ＭＳの上空は、米軍岩国基地と沖縄県嘉《か》手《で》納《な》基地を結ぶ航路に当たる（図１－４）（図１－５）。

すぐ前の海は船舶通航上のチョークポイント（地政学でいう重要な海路）で、船の通航量が非常に多い海域だ。海上保安庁ＨＰ「海洋状況表示システム」（海事↓航路↓船舶通航量（月別）で検索してみてほしい）では真っ赤な帯で示されている。かつて海上自衛隊の護衛艦「いせ」が岩国基地方面へ巡航したときもここを通過した。

そういった空と海の要衝、重要国土の一帯が、中国系資本などによって占有され、大規模ソーラー発電所が建設されているのだ。

いわば要衝地をつぶさに監視できる位置において、これほど大掛かりな開発がなされていることに対して、安全保障上、問題があると声が上がらないのが不思議だ。なぜどの省庁も反応しないのだろうか。

安全保障面の不安ばかりが問題なのではない。

生活環境上も、大変な環境悪化をもたらしている。風光明媚《めいび》なその場所が好きで移り住んできた住民は、きれいだった前海が赤茶けてしまい、裏山からは泥水が畑に流れ込んで、さんざんな目にあっている。

にもかかわらず事業者の顔がよく見えないから文句もいえない。苦情の持って行き場が見当たらず、警察に行ったら、「市役所に相談したら」と言われ、市に行ったら、「林地開発許可だから県に行ってくれ」とたらい回しにされたという。

「反対の声を役所（山口県）は拾ってくれないんです。再エネの促進は政府の音頭取りだからって……」

交渉相手は二層三層の複雑な企業構造の組織で、しかも海外や東京である。交渉相手が定まらず、実際の采配者が誰だかよくわからない。

誰かがどこかで儲けているのだろうが、その顔が見えないのも解せない。

こんな再エネ事業は、やっぱりおかしい。

メガソーラーに隣接して暮らす人たちにとって、メガソーラーは巨大な「迷惑施設」のようになっていると私には思えた。

裏山からの泥水に困っていた件《くだん》の住民は、当地に暮らしてまだ10年余り。住宅ローンが残っているというのに、泣く泣く引っ越しを検討している。

（岩国基地北方メガソーラー）

山口県内にはもう一つ、地元を悩ますメガソーラーがある。

山口県岩国市美和町《みわちょう》。

2021年9月、岩国米軍基地の北方にあるメガソーラーが突然、上海電力の孫会社によって買収されたと報じられた。発表は中国発だった（原文は中国語）。

当社（上海電力股份有限公司）の100％子会社である上海電力日本株式会社の100％子会社である合同会社SMW九州は、山口岩国七五MW太陽光発電プロジェクト会社の100％株式を取得するための手続きを完了した。最終取引価格は合計224億円…。
（21年9月10日、上海電力取締役会）

当地の開発は、当初はタイ資本がはじめたもので、事業総面積は214ヘクタール、開発面積は110ヘクタールに及ぶ巨大なものだ（図1－4）。その後、転売が繰り返され、最終的に上海電力の孫会社「合同会社SMW九州」のものになった（写真1－4）。

この合同会社ＳＭＷ九州がもつメガソーラー（以下「岩国ＳＭＷ」という）の直前の運営管理主体は、ファンド運営会社のＲＳ社で、同社は前項に登場したように、岩国基地の南方にある阿月ＭＳ（柳井市）の現在の運営管理主体でもある。

写真1-4　岩国米軍基地の北方25kmにある「合同会社SMW九州」のメガソーラー。同社は上海電力の孫会社である（山口県岩国市美和町）

図１－４のとおり、二つのメガソーラー岩国ＳＭＷと阿月ＭＳは、岩国米軍基地からそれぞれ北方25㎞と南方30㎞の距離にあり、岩国米軍基地を挟み込むようにして立地している。

ＲＳ社が21年９月に、突然、岩国ＳＭＷを上海電力の孫会社に売却したように、阿月ＭＳについても、上海電力に売却するのではないか、という予測も成り立つ。立地がセンシティブな場所にあるだけに予断を許さない。

もちろんメガソーラーの売買については、現行法上、何の制限もない。どこへ売ってもよい。合法的な経済行為だから何の問題にもならないが、私のような考えすぎの輩《やから》には一抹の不安が残るのである……。

ちなみに、RS社は中国新聞（広島市）の取材に対し、「事業に関することは答えられない」（「中国新聞」21年10月7日）と答え、岩国市役所からの質問に対しても、「お答えできない」と返している。

河口突端の香港系ソーラー——熊本市

ここまで見てきたように、ソーラー発電事業の事業主体が転売や複雑な企業構成により、匿名化、不明化していく動きは全国的な現象である。私は国土所有の不明化問題として将来に禍根を残すと憂慮する。

気を付けたいのはその場所柄である。

上海電力の事例ではないが、熊本の海岸部にも、大阪市の「南港咲洲メガソーラー」と似た位置取りのソーラー基地がある（図1－6）。

場所は有明海《ありあけかい》に注ぐ白川《しらかわ》河口の突端部で、熊本港を西南方向に睨む位置にある。

2020年6月、その2万7848㎡を香港系資本サンテックエナジーディベロップメント株式会社（東京都新宿《しんじゅく》区）が買収した。この事実は県議会で指摘され、その後、21年春には、一部ネットメディアでも話題となった。

そのせいかどうか動機は不明だが、ほどなく転売があり、21年8月に登記名義は東京都中央区にあるＳ－Ｐｏｗｅｒ西日本合同会社に移っている。

この種の合同会社は、本章末のコラム「合同会社の秘密」で詳述するとおり、「ＧＫ－ＴＫスキーム」と呼ばれる事業形態で、合同会社の代表社員を一般社団法人とすることで、真の出資者（支配者）を見えなくする。この変更により、現在の所有者の詳細は不明となり、検証がしにくくなっている。

もちろん合法的な経済活動であり、何の問題も指摘できるものではない。

所有者にしてみれば、「これ以上、『外資の買収で問題だ』などと批判することはやめていただきたい」という意思表示だともとれる。

ただ、こういった事例が増えていくことは、所有者不明土地の増加にますますつながりかねず、将来的な不安は大きくなるばかりだと考えている。

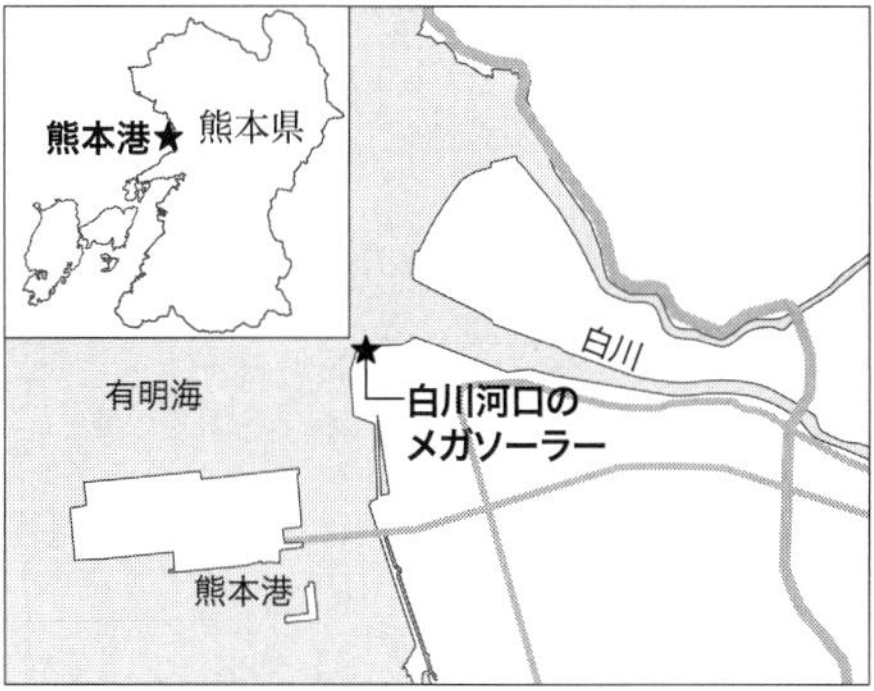

図1-6　熊本市のメガソーラー

香港ＰＡＧも再エネに参入――長崎県佐世保市

メガソーラーは先に述べたように昨今、ある意味で金融商品にもなっているため、M&A（合併・買収）は珍しくない。

２０２２年７月６日、アジア太平洋地域を中心とする投資企業（ファンド）のＰＡＧ（太平聯盟投資集団　単偉建会長）は、子会社「PAG Renewables」を設立し、アジア地区で再エネにかかわる投資、開発、運用を始めることを発表した。日本でも再エネ投資に本格参入することになった。

ＰＡＧは、17年に欠陥エアバッグ問題で民事再生法の適用を受けたタカタ株式会社の再建に関わったこともある投資ファンドで、香港を拠点とし、不動産、プライベート・エクイティ（未公開の株や不動産への投資）、クレジット&マーケットの３分野から成る。単偉建会長は20年、「中国で最も影響力のある投資家30名」に選ばれている。

ＰＡＧは手はじめに21年、「ファースト・ソーラー」が日本国内で持つ50メガワットのソーラー発電所を買収しており、22年5月にはファースト・ソーラー・ジャパン（東京都）の買収について合意している。これらの買収によって、ＰＡＧは発電容量６６５メガワットの発電容量をもつ日本最大級の再エネ・プラットホームを保有したことになる。

なお、ファースト・ソーラーは米国大手の太陽光パネルメーカー（21年世界第９位）で、同社が日本で展開する再生エネルギープロジェクトの開発・運営を担うのが、ファーストソーラージャパンである。ファースト・ソーラー・ジャパンが抱えていた開発・運営プロジェクトと、同チームが買収によってPAGに帰属することになる。

儲かる事業に投資参入していくことは、グローバル企業（ファンド）の鉄則だが、と同時に、こういった買収と転売の動きは、特定の外資系資本に対する批判の矛先を鈍らせたり、真の支配者を秘匿するために効果を発揮するかもしれない。中国系資本（上海電力等）とは別の米国系、アジア系資本が参入し、転売することで、所有構造がリセットされ、再エネ名目の国土買収を批判する一派をいなしていくことも可能になるからだ。

将来のことは全く不透明だが、このPAGもまた、第二部第一章「組み込まれていく港湾」で登場するように、少なからずきな臭さを私は感じてしまう。

米軍基地傍の長崎ハウステンボスの買収にもかかわっているからだ（214ページ〜）。

2　要衝と共に狙われる陸上風力

地上げ屋たち

ここ2、3年の特徴として、土地買収の主戦場は、もう太陽光発電ではない。

風力発電だ。買取価格は下がってきたが、ソーラーよりはまだましだ。陸上風力は15円／KW時（23年）で、商売としてまだやりようはある。

風力発電の話の前に、まずはこの話題から入りたい。再エネ事業の基盤は土地取得だろう。

それを担うのが「地上げ屋」だ。地上げ屋ってどういう人なのだろう？

私はかねて、巨大プロジェクトのとっかかりを担う人たちに逢《あ》ってみたいと探していた。

どんな人がいかにして場所を選び、どんなふうに地元に入り、地主らを口説いていくのだろう？

爾来《じらい》15年――。

ようやく「どうやらあそこの事務所は、全国いろんなところに顔を出しているみたいだ」との情報を得た。私はとり持ってくれた人に自分の関心を語り、訪問する約束をとりつけた。

それは不便な地方都市の一画にある奇妙な事務所だった。

表向きは一次産業を担う法人だが、挨拶《あいさつ》をかわした人の名刺をよく見ると株式会社でもある。本社のほかに県外の支店を複数もつ。仕事の種類は再生エネルギーの種地を探すというのがメインで、全国の土地探しと買収をやっている。社内でこの仕事を担当するメンバーは3名ほどだという。

一次産業を担う法人であることを前面に出しているところが、うまいと感じた。交渉相手は安心するだろう。「一次産業者は自然を相手にしていて素朴で純粋な人が多い」という先入観が警戒感を和らげる。現地へすっと入っていけるし、買収話も土建屋やコンサル業者よりも持ちかけやすいだろう。

本社事務所は平屋で目立たない場所にあった。その一室はさながら警備会社のモニター室のようだった。大型ディスプレイが主任（データマン）をとり囲むように三面置かれてある。整頓《せいとん》されていて、長机には二つのキーボードとタブレットが、L字型に置かれたもう一つの長机にも複数のデスクトップパソコンが並べられている。同時進行で複数のデータを処理するのだ。

目立たない場所の平屋に、こんなデジタル機器完備の一室があるとは、ちょっと驚きだ。

集める情報は、登記簿から得る所有者情報のほか、土地規制情報、鉱区権者情報等々だ。それらを一斉に画面に映し出し、最適の立地を探す。土地の買い占めを依頼してくる人の求めに応じ、狙いをつけたエリアの地権者や周辺環境について、ありとあらゆるデータを調べ上げる。地上げのための下準備である。

部屋の壁一面には、地上げ途中の白地図と航空写真が複数貼り出されていた。北海道、東北から九州・沖縄の米軍基地周辺まである。

リーダーによると、着手から完了までのおおまかな手順は、次のようになっている。

①依頼者からおおまかな買収エリアの要請を受ける
②周辺の関連情報を収集する
③箇所の絞り込みを行っていく
④依頼者からゴーサインが出たら、現地に飛んでいく

コストカットは徹底されていて、現地へは弾丸出張。全国どこでもほぼ日帰りだという。

「この仕事は本当に手間がかかって、時間もかかるんです。そこのところの苦労が（依頼者には）なかなかわかってもらえなくて……」

リーダーはそうぼやいた。

土地買収で一番手間どるのは、地権者の信用を得るまでだという。その過程はなかなか見

えづらい。

「交渉は本当に神経を使う。その割に見返り（報酬）がね……」

本音を言っていると感じた。

地上げ途中の地元説明会では、エキサイトした住民たちから好き勝手を言われ、怒号が飛びかい、罵声《ばせい》を浴びせられることもしばしばだろう。合法的に再エネを進めているのに、なぜそこまで責められなければならないのか、理不尽だと思うこともあったに違いない。

私は気になっていた買収資金の出所を聞いてみたところ、自らは調達していない、依頼者が別にいて、そこが指示を出し、要望を受けて動くのだという。その依頼者と呼ばれる者のおおよそを聞いたが、そこには土地買収の大金があるとは思えなかった。そのまた先（バックボーン）を知りたかったが、教えてもらえなかった。

海岸部がほしい理由

彼らによればこのところの買収の特徴として、海岸周辺の需要が増えているという。風力発電のためだ。私もかねてピンポイントで各地の海岸部を欲しがっているグループがいると見ていた。

欲しがる理由として考えられるのは二つ。

一つ目は、防衛上不可欠なレーダーがもつ機能を電磁波によって低下させようという狙いだ。風力発電装置を使って妨害する。これは決して私の思いすごしではない。

防衛省は「風力発電設備が自衛隊・在日米軍の運用に及ぼす影響及び風力発電関係者の皆様へのお願い」（2022年4月28日）という通知を風力発電事業者向けに出している。悪影響を及ぼす風力発電設備が各地に敷設されていくことを警戒している。

二つ目の理由は、海底ケーブルがらみである。

今日、海底ケーブルは国際通信の重要インフラになっていて、世界では国際データ通信の99%が海底ケーブルを通っている。いわば国家の生命線だ。データの安全性やリスク回避を徹底するなら、海底ケーブルと通信のデータセンターは物理的に安全にしておかなければならない。

そういった重要インフラに関心をもつグループがあるのではないか。各地でそれを押さえにかかっていることが複数の登記簿からも読みとれる。

情報収集を任されている地上げ情報担当の一人はこう説明してくれた。

「海岸線に近い用地を頼まれたら、海底ケーブルの陸揚げ局も意識して、そこが必ず入るよう土地を買っていきますよ」

陸揚げ局とは、海底ケーブルの引き揚げにかかわる専用施設のことだ。かつてはダム計画や道路計画が政治家や行政から漏れ聞こえてくると、その周辺一帯を早耳たちが先買いした。それと同じ動きである。

地上げに必要なデータの種類は、航空写真、海底ケーブル情報のほか、船舶通航量などの海洋状況もある。政府の海底ケーブルがらみの公共事業情報も欠かせない。これらを重ね合わせ、それらをもとに周到に場所を選んでいく。

こうした周辺情報は本来、安全保障の面からも迷彩的なマスキングをかけて国家として保護すべきなのだが、なぜか我が国はほぼフルオープンで全世界へ公開している。

金に糸目をつけず、とにかく買い漁《あさ》るのは、風力発電だけが目的とは思えない。経済的な目的以外にもあるのではないか。まとまった風力発電用地をほしがる動きは「採算性度外視の目的をもつ買収グループで安全保障がらみ」「資金源は海外」と私は見ている。

虎視《こし》眈々《たんたん》と、国家政策として海外のインフラを押さえたがっている国は、これらの重要インフラが敷かれる土地に関心を寄せる。逆にいえば、買う方が高い買取価格を提示するから、地上げビジネスが成立しているのだ。

こうした場所は今後、ミサイル基地や防衛通信施設と同じくらいの重要性をもつため引き合いがあり、値上がりが見込めるだろう。

さらなる追い風も吹いている。

「デジタル田園都市国家構想」だ。

岸田総理にとっての一丁目一番地の重点公共事業で、東京一極集中を是正し、また経済安保上のリスクを回避し、大災害への強靱《きょうじん》性を高めるため、海底ケーブルの陸揚げ拠点を分散させる工事をテンポアップしたいとしている。

それゆえ、ここしばらくは海岸線や陸揚げ局のサイトをめぐる先買い競争は衰えない。北海道石狩《いしかり》湾、宮城県沿岸、千葉県沿岸……。そういった場所の地上げを業とするフロント企業は忙しくなっていくはずだ。

最北端風車はレーダーの壁――北海道稚内市

さて、では風力発電用地の買収状況について、具体的な事例をみていこう。

まずは日本最北端の稚内《わっかない》市。

航空自衛隊稚内分屯基地の周辺で土地買収が進んでいる（図1－7）。同基地はノシャップ岬から数㎞の地点に本部があり、山頂部にレーダーサイト（固定式レーダーが設置されている場所）を置いているのだが、現在、これらの周辺の複数の地点で買収と転売が繰り返されている。開基以来、こんなことははじめてだ。

特にレーダーサイトの西側、わずか1㎞余りしか離れていない海岸線の土地（4か所）について、17年から18年にかけて、中国とかかわりがあるB社（東京都中央区）が取得し、風力発電設備の事業計画認定を得ている。

B社は中国の風力メーカーの総代理店で、中国の設備会社とメンテナンス契約を結んでいたが、資金難を理由に20年6月、稚内の土地所有権を手放し、別のA社（青森市）が取得した。さらに22年8月には、その所有権は別のJ社（松江《まつえ》市）に移っている。

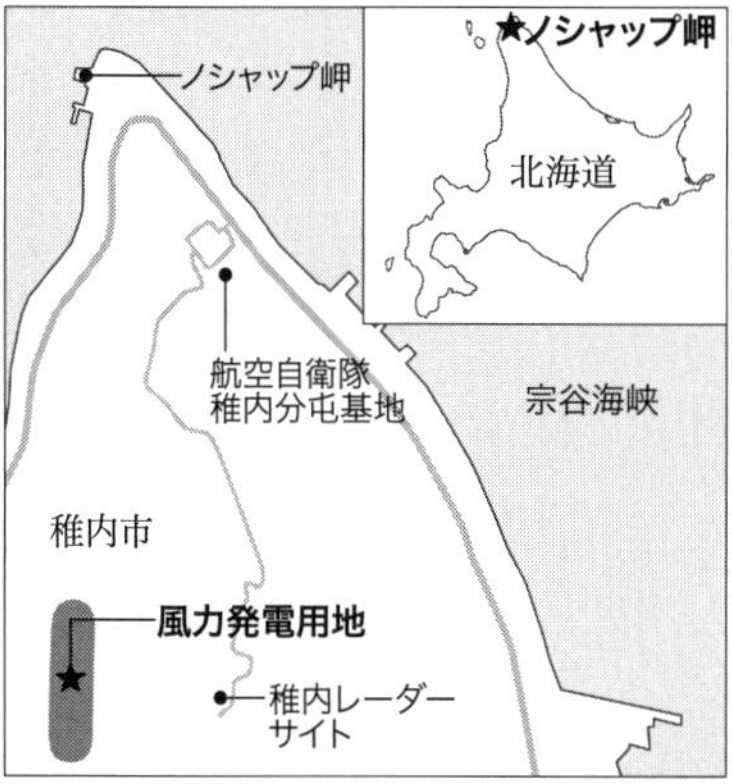

図1-7　航空自衛隊稚内分屯基地レーダーサイトに近接する風力発電用地

前項で述べたように、防衛関係者は有事の際の通信妨害行為を懸念するものの、対策は後手になっている。

「いくつも並ぶ風車は、レーダーを乱反射させる壁になりますね。風車の羽根は１００㎞先のレーダーにまで影響します」

ため息交じりに防衛省関係者は解説してくれたが、稚内市のこの土地は、防衛重要基地の近傍という付加価値がプラスオンされ、今後も思惑買いが繰り返されるのだろうか。

風力発電を強行する理由――北海道当別町1

当別町は札幌から北東30㎞で、人口1万5000人。景観美しい街並みを擁するスウェーデンヒルズがあることで有名な町だ。新住民（転入人口）はここ5年は増えてきているのだが、19年、住民にとっては思わぬ災禍が降りかかってきた。この景観を乱す高さ156mの陸上風力発電の建設構想が突如、具体化してきたのだ（図1－8）。これが嫌で、街から逃げ出すことを考えている住民もいると、現地で聞いた。

事業者は「合同会社石狩郡当別町西当別陸上発電所」で、管理運営を行うのはアール・エス・アセットマネジメント（RS社）である。RS社は山口県岩国市と柳井市の岩国基地周辺メガソーラーの項でも登場した。

当別町の風力発電サイトから最短3・5㎞の場所には、航空自衛隊当別分屯基地、当別第45警戒隊もある。

当別町が他の市町村と違うところは、当該自治体の首長も議会も、共にこの風力発電に反対しており、議決までしていることだ。地元は大反対なのである。

もっとも経産省による事業計画認定（旧設備認定）は21年3月に終わっており、今後は機械的にアセス（環境影響評価）をこなしていくだけで、反対意見があろうとも凌《しの》ぎきれば、スケジュールどおりに工事を進めていくことが、手続き的には可能である。

地元住民と自治体、議会がどれほど声を上げたとて、事業者が「風力発電をやりたい」と言って強行すれば、国（経産省）が認めたものだからという一方的な論法で事業は成立してしまう。

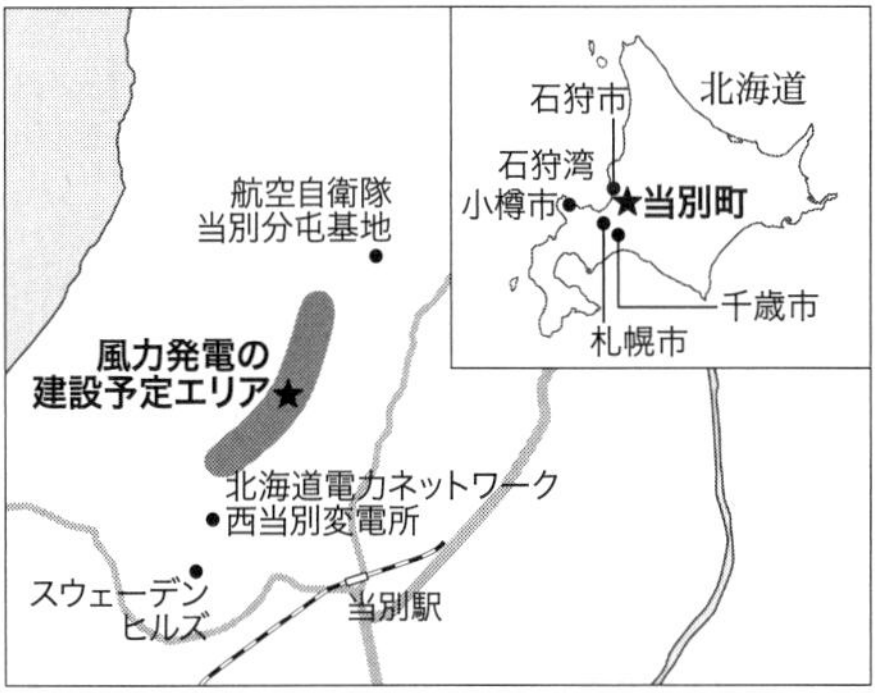

図1-8　北海道当別町の風力発電は航空自衛隊当別分屯基地から3.5㎞

これでは再エネ促進による人口流出が起きてしまうわけで、地方創生に逆行しているとしか思えないが、これが日本の実態である。

今後は、おそらくアセスも計画通りのペースで着々と進み、24年8月には工事が始まってしまう可能性も否定できない。なんとも解せないが、民主主義国家だというのにどうしてこのような理不尽なことが強行できてしまうのだろう？

変電ステーション周りを買え――北海道当別町2

これまで外資による土地買収といえば、ソーラーや風車のサイト、さらに防衛施設・原子力発電所近く、そしてリゾートや水源林……というものだったが、ここにきて、さらに一つ新しいニーズが加わろうとしている。

変電ステーションである。

北海道―本州の広域送電網の整備が飛躍的に進み、再エネ大量導入のカギにもなっているが、変電所周辺の重要性が注目されているためか。北海道当別町にそういった買収の動きが見られる。

北海道電力ネットワーク株式会社西当別変電所の周辺地が次々と買収されていて、判明しているだけでも計25ヘクタール。この変電ステーションの周辺をまるでローラーでもかけたかのように全て押さえてしまっている。前項で紹介した当別町内の陸上風力の用地買収も含めると、合計１５５ヘクタール以上の買収が終わっている。

当該地の買収価格は異常に高かった。21年、付近の相場が２５０万円／ヘクタールだというのに、変電ステーション傍の２ヘクタールは５０００万円で成約したという。売買単価は10倍だったことになる。

この変電ステーションは、泊《とまり》原発、石狩湾新港ＬＮＧ火力発電所等からの高圧電源を受電し、道央、道北各地の変電所へ送電していく機能をもつ。北海道の人口５２２万人の約50％――札幌、小樽《おたる》、千歳《ちとせ》、苫小牧《とまこまい》、石狩エリアの人口２５７万人をカバーする電力供給網の基点になっており、いわば主幹線の心臓部に当たる。

買収者は道外のN社で、19年から当別町内で風力発電事業（風車12基）にかかわる土地買収も進めており、上海電力とはすでに連携事業を行っている法人だ。現在は、前項に登場した「合同会社石狩郡当別町西当別陸上発電所」に転売（23年2月）されている。

今後、泊原発が再稼働し、石狩湾の洋上風力が大規模化していくと、当該変電ステーションはさらに重要な北海道の電力供給拠点になるだろう。考えすぎかもしれないが、当地の周りを買い急いだ理由は、こういった未来が見えていたからか。

3　バブル到来の洋上風力

基地港湾を占有する者

脱炭素のかけ声はかまびすしく、山林や農地だけに留《とど》まらない。再エネの現場は、離島や海域にも広がっている。

とりわけ洋上風力発電の伸びしろと期待は大きく、投資額も一か所当たり何千億から何兆円と桁違いだ。巨額マネーが蠢《うごめ》き、風景が変わりはじめている。

国内再生エネルギーの中で、導入ポテンシャルが最大だといわれているのが、洋上風力発電で、14億キロワット（環境省試算2013年）に達する。原発に換算すると1400基分もある。

お手本は欧米で、英国、ドイツ、デンマーク等が先行していたが、ここ2年で中国が世界最大の開発・製造・設置国となった。日本は過去20年で日立や三菱重工などの大御所が撤退し、技術や人材の継承が不安視されている。ここにきて、「洋上バブルに乗り遅れるな」と、前のめりに再スタートしたが、技術者不足は否めず、これから洋上風力の専門技術者の養成所をつくっていくという段階で、海外メーカーのサポートは欠かせない。

現在、長崎県五島《ごとう》市沖のほか、秋田県能代《のしろ》市沖、千葉県銚子《ちょうし》市沖等に加え、新潟県村上《むらかみ》市、長崎県西海市《さいかいし》江島《えのしま》沖等の計8か所が洋上風力発電の「促進区域」に指定され、地元は沸いている。

洋上風力発電に必要なものは、風が吹く海域とともに、基地港湾だ。

基地港湾がなければ、東京タワーほどある風車の組み立てや資機材の保管ができない。国は港湾法を改正し、2020年から基地港湾を最長30年間、民間事業者に占有（貸付）させることにしている。秋田港、能代港、鹿島《かしま》港、北九州港等は、こうした基地港湾化によって好景気が到来することを待ち望んでいる。

ただ、港湾や海域を安全保障という観点で見たとき、政府の配慮は大きくない。

外資及び外資系の参入は警戒しているはずだが、国が示した事業者参入の資格要件である「国内法人に限る」が適用されるのは、「再エネ海域利用法」で定められた促進区域だけだ。

少し前、私は懸念して国交省港湾局幹部ＯＢに聞いたことがある。

「港湾や海域は外資企業に対してフリーにしていますが、漁業には外国人に対する規制があるんです。外国人漁業規制法といって……」

「えっ、そんな法律あったの？」

同法を知らなかったらしく、私は少し驚いた。海の占有に対する無防備なセンスが心配だ。

米国は違う。

かつて米国東海岸の六つの港の管理運営権をもつ英国企業が、アラブ首長国連邦（ＵＡＥ）資本のドバイ・ポーツ・ワールド（ＤＰＷ）に買収されそうになったとき、米国議会が猛反発したことがあった（06年）。結局、ＤＰＷは手を引いたが、それ以降の世界の港湾占有問題といえば、ほぼ全ケースにおいて中国が主役である。

パキスタンのグワダル港（13年）、豪州北部ダーウィン港（15年）、ギリシャのピレウス港（16年）、スリランカのハンバントタ港（17年）、イタリアのトリエステ港・ジェノバ港（19年）、ドイツのハンブルグ港（22年）……。

アプローチの仕方はあの手この手で、各国の国情に沿う形の占有プロセスがある。すなわち、管理運営権の取得や、管理会社への出資・株式取得・買収である。これらの手段により、戦略的な要衝を次々とものにしている。

一帯一路を標榜《ひょうぼう》する中国は現在、およそ63か国で１００以上の港を所有しているが、我が国の場合、洋上風力発電がこういった港湾占有のゲートウェイ（入口）の一つになり得るだろう。

今後は投資面でリスクを取る集団や、サプライチェーン、メンテナンス分野を押さえた集団が、事業インフラとなる基地港湾や海域の運営管理をも実質的に支配していくことになる。

実質的な占有の権限もそういった勢力に属するようになると見るのが自然であろう。

外資系デベロッパー（発電開発事業者）やタービンメーカーが子会社の日本法人をつくり、事業者やサプライヤー（資機材調達者）として参入してくることも考えられる。国家能源集団、金風科技等がこの分野の大手だが、いずれも中国国営企業である。

さっそく22年2月、富山湾での洋上風力発電で、中国明陽智慧能源集団（広東省）が発電事業（設備設置、メンテナンス）の受注を決めた。

次項でその詳細を追っていこう。

日本初、洋上風力にも中国企業――富山県入善町

ここにきて周辺環境が著しく変化してきた洋上風力発電だが、数年前までの政府は洋上風力での中国排除を謳《うた》っていた。

政府は、今後拡大が認められる洋上風力発電事業について、事業者を「国内法人」に限定し、日本領海内の海洋情報が外国に流出しないよう監視を強化する。事業者が海洋調査に外国船舶を使う場合には、政府の事前同意も義務づける。経済安全保障の観点から、中国企業を事実上排除する狙いがある。

（「読売新聞」20年7月12日）

（太陽光発電の時とは明確に外資の取り扱いが違うな）

（まずは一安心。21年6月には重要土地等調査法も成立したし……）

私はそう高をくくっていたから、22年2月4日の突然の発表（日本経済新聞）には驚いた。いきなり洋上風力に中国メーカーが入ってきたという。

23年に稼働する富山湾（富山県入善町《にゅうぜんまち》）の洋上風力で（図1－9）、同事業を手掛けるのはウェンティ・ジャパン（秋田市）等からなる企業連合体だ。その発電設備の設置とメンテナンスを担う者として、中国の明陽智慧能源集団（以下「明陽智能」という）を選んだことが報じられた。

設置される設備は、3メガワットの発電機が3基である。発注したのは清水建設で、明陽智能は富山湾の現地に運営スタッフを置き、運用保守サービスをしていく。

ちなみに、この明陽智能は新興企業で、創立は06年と新しいが、中国内での販売を中心に風車メーカーとしての業績を伸ばし、21年の洋上風力の導入量は世界第2位。世界シェアは22・6％（第1位は上海電気風電集団）に及ぶ巨大企業である。同社の張伝衛会長は全人代代表（18～22年、第13期）を務めた中国共産党員で、広東省中山市の人民代表大会常務委員でもある。

何が問題か。まず安全保障の観点からいうと、同社のグループがサプライチェーンの一端を担うようになれば、日本海の富山湾海域の風力、風向、海流などのデータも取り扱うだろう。海底地形・地質などのデータにもアクセスしていく。当然、それらの中には防衛上の重要データも含まれ、筒抜けになってしまうことを私は懸念している。

情報が漏れることがないよう、経産省と国交省は制度の仕組み上、海域占有者の公募参加要件（一般海域における占用公募制度の運用指針、２０２２年10月）を出している。

「国内法人であること」

「コンソーシアム（共同事業体）であるときは、その構成員の全てが国内法人に該当すること」

しかし、この公募要件は前述のとおり、「促進区域」にしか適用されないから、この入善町のケースは当てはまらない。

また、たとえ「促進区域」であったとしても、抜け穴があることは否めない。外国法人が全額出資した日本法人をつ

図1-9　明陽智能が発電設備の設置とメンテナンスを担う富山県入善町の洋上風力発電

くることもできるし、特別目的会社（ＳＰＣ）のコンソーシアムにおいて、それへの大口出資者に時間差でなってしまえば、その出資者は組織そのものを支配できてしまう。今の公募参加資格要件は、指定暴力団等を排除するだけだ。

23年3月、中国明陽智能は天津港から富山県入善町に向けて洋上風力発電ユニットを出荷した。同年9月には発電事業の運転が開始予定だ。民間資本による一般海域での洋上風力発電として、日本初である。

この先、事業が本格化する第二段階以降、各地での条件整備が進み、最長30年の基地港湾や促進区域の占用許可が民間事業者に出されたとき、最も喜ぶのは誰だろう。無思考なままだと、基地港湾が知らぬ間に他国の橋頭堡《きょうとうほ》になってしまいかねない。

富山湾への明陽智能の参入を伝えた日経新聞は、記事の最後をこう締めくくっている。

日中双方の企業は安全保障上の懸念にきめ細かく対応する姿勢を示している。具体的には、風力発電機の設置・運営で取得する風力や海流などの各種データについて「中国には持ち出さない」としている。

（「日経新聞」22年2月4日）

できることならそうあってほしいが、そうした口約束で大丈夫なのだろうか。

こういった努力事項を目にするたび、思う。安全保障上の対策を、軍備のハード対策だけに終わらせず、ソフト対策面でも講ずるべきだ。安全保障＝軍備拡大という単純な関係だけでは効果は限定的だ。叶《かな》うのならば、国会での「スパイ防止法」「外患援助罪・外患誘致罪の拡大改正」などの議論をはじめてほしい。

「外国法人の所有はありません」――長崎県西海市

２０２２年９月30日。経産省・国交省は洋上風力発電の「促進区域」として「長崎県西海市江島沖」を指定した。地元西海市は大歓迎だったが、将来を考えると私は手放しで喜べない。やはり、外資の本格参入が危ぶまれるからだ。

もし本土側に外資がすでに確保した戦略的な拠点があったとすると、安全保障上はより深刻な問題だが、実は、それに近い地ならしがすでに西海市の本土側で終わっている。

崎戸島《さきとじま》である（図１－10）。

この本土側と橋でつながっている島の高台に、「天海の城（旧ホテル咲《さ》き都《と》）」「同ホテル内温泉施設」「さきとＲＶ村（閉業）」の三施設があるのだが、18年３月22日、西海市はこれら三施設を入札によって中国系企業のＫ社へ売却している。価格は計３０００万円で、土地部分の７３６６㎡は西海市が同社に有償で貸し出している。

ちなみに、この中国系企業が取得した三施設のすぐ傍の「北緯33度線展望台」では、今も自衛隊が監視訓練を行っている。佐世保《させぼ》基地から東シナ海へ向かう海上自衛隊の艦艇や米軍艦船の監視には最適の地である。戦時中の1938～45年、ここには「海軍防備隊聴音所」が置かれ、海底のスクリュー音をキャッチしていた。紛れもなく要衝なのである。

西海市の三施設を落札した中国系企業のK社の代表者（当時）は、その半年前の18年9月1日、西海市の離島・竹島《たけしま》を買収していたほか、後述する宮古島《みやこじま》のミサイル基地候補地傍の海岸部の土地を買収した法人関係者でもあった（257ページ～）。

西海市はこうした中国系企業の動きに対し、何の情報も得ていなかったのだろうか。

西海市議会では、18年12月4日、件の「天海の城」等の三施設の売却後、次のようなやりとりをしている。

安全保障上重要な地域に存在する本市の状況を踏まえ、外国人による土地取得問題に対する市長の所感をお伺いをいたしたいと思います。

（小嶋俊樹《こじまとしき》西海市議会議員）

これへの市長の答弁はこうだ。

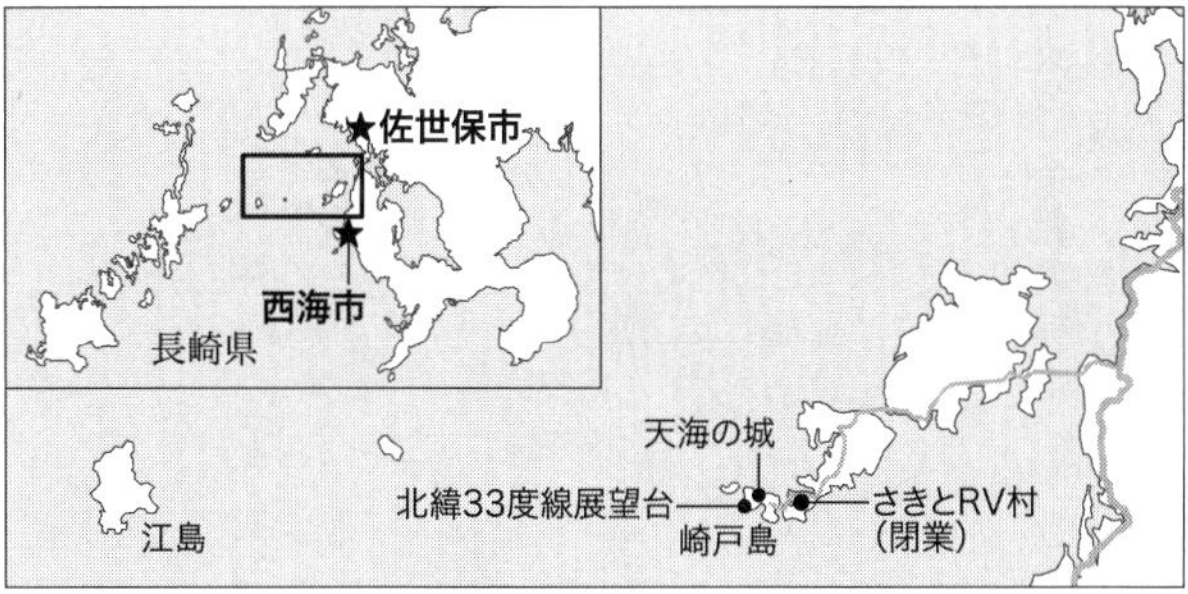

図1-10　外資の買収が進む長崎県西海市の崎戸島。島内では自衛隊が監視訓練を行っている

現在市内の土地、建物が外国人によって取得されたものがあるかとの御質問ですが、現在の土地建物の取得状況については外国法人の所有はありません。個人の所有については、土地が４人、６筆、面積は１０５０平方メートルであり、家屋は４人で５棟、床面積では６５３平方メートルとなっております。

（杉澤《すぎさわ》泰彦《やすひこ》西海市長）

市議会議員も市長も、外国人が代表者となった外資系企業などに対して何ら意識することなく、外国法人というものを狭義（本社住所が外国にあるもの）でしか捉《とら》えていない。件の中国系企業のＫ社に売却した天海の城等の三施設についてはスルーしたままだ。あえて触れないことにしているのだろうか。

しかし、このような対応が各自治体で進められていくなら、この国の国土が外資によって買収されたという事例は、あと10年経っても全く増えないだろう。

役員の比率や出資金の比率の過半数が外国人や日本に帰化した人である場合は、外資系法人として認識し、安全保障も含め、自治体は慎重かつ必要な対応が求められるのではないか。

今なぜ、外国人や外国法人が傘下に日本法人の子会社をつくったり、合同会社としているか。またダミーとなる日本人（または帰化した日本人）を所有者に据えたり、頻繁に転売を繰り返すのか。私たちはそれらの意味を考えておく必要があるだろう。騒がれたくないから、カムフラージュをするための工夫を凝らしており、秘匿するメリットや事情があるから、そうしているのである。

国と自治体は、そのことに思いをいたし、外資系の買収やダミーの事例を踏まえた実態解釈を続けてほしい。

□コラム

合同会社の秘密

合同会社（GK）、匿名組合（TK）という言葉をふだん耳にする機会はめったにないだろう。

しかし、再エネ事業の事業スキームはほとんどがこの方式で、資源エネルギー庁の一覧表にもこの方式をとった事業者がずらりと並ぶ。公表されるのは、フロント役の合同会社だけだ。

いったいどこから出資がなされ、事業が進められているのか。法曹界の知人に相談してみると、こう答えた。

「一般論ですが、事業主体（合同会社等）の実態は投資家を組成した集団で、単なるハコです」

「合同会社（GK）は特別目的会社（SPC）の一種です。合同会社（GK）とセットで匿名組合（TK）をつくるのは、GK―TKスキームと呼ばれます。GKの社員（出資者）には一般社団法人等がなりますが、このGKの設立後であれば、出資者は登記しなくともよく、表には出ません。出資者同士もお互いわかりません」

「もっと厳重に秘匿したい人は、ダブルTK、つまり二重の匿名組合（TK）出資という形をとるケースもあります」

こうした仕組みで、ほぼ完ぺきに出資者は自らの身を隠し、守られている。

合同会社の代表社員（株式会社でいうと代表取締役）は法人であることが多々あるが、実際、その合同会社を支配しているのは、見えない出資者である。いってみれば合同会社は鵺《ぬえ》のような存在で、転売によって事業責任の所在も曖昧《あいまい》なまま、新しい事業体に継承されていく。

本来は、幅広い投資家を集めやすくするために作られたSPC法（「特定目的会社による特定資産の流動化に関する法律」１９９８年）だが、その匿名性というＳＰＣの特性が想定外の使われ方で活用され、傀儡《かいらい》法人化を容易にしている。

中には、数か月おきに住所を変えたり、別の合同会社に転売したりと、目まぐるしく衣替えを繰り返すケースもある。プロジェクト自体が金融商品になっていて、利回りと安全性の高いプロジェクトは人気があるのだ。とりわけ、安全保障に直結する場所で営まれる発電は、別の思惑もあって高値で転売されているようだ。

２０２１年夏、静岡県熱海《あたみ》市で土石流災害が起きたが、仮にあのような悲惨な災害が発生して、被害者への補償問題が発生したとき、あるいは太陽光発電のパネル破損による感電死や、有害物質の流出など、多大な補償問題が起こったとき、合同会社へ出資した者たちはどう立ち回るか。

多くの場合、合同会社をすぐさま倒産させ、破産手続きを進め、残った不動産等を売却していく。負債は、滞納している税金、未払いの売掛金、借受金、退職金などだが、これらはほとんど支払われない。その後は事情をよく知る息のかかった関連会社やグループ会社が登場してくる。そこがそのまま事業を継承したり、新しい別会社をつくったりして事業をリセットし、再出発していく。つまり、訴えられ、補償を求められているフロントの合同会社を破産させていったん終わりにできるのだ。

事業継続の雲行きが怪しくなったり、多額の損害賠償請求が予測されたりしたら、このサイクルを繰り返していく。そうすることで事業（プロジェクト）そのものは保全され、大口出資者の懐《ふところ》も痛むことはない。二枚腰や三枚腰の安全策が用意されており、本体への影響を限定的にできる。

国土の占有と占用の匿名化を防止するため、また経済安全保障等の観点から、合同会社やSPCなどが都市部以外の土地（国土）や海域を占有・占用することに対して、一定の制限ができる仕組み（法令等）が必要ではないだろうか。

第二章　グリーン化礼賛のツケ

再エネは圧倒的な「善」として、国を挙げて加速させようというプランが進む。ソーラー発電や風力発電に異を唱える者は少ない。

しかし、再エネ礼賛には抜け落ちている視点がある。環境的な側面だ。

本章では、グリーン化がもたらす避けられない環境問題と外資依存の怖さについて考える。

総務省の警告

メガソーラーについては、景観や反射光、土砂災害の問題が発生していて、本書でもすでに一部紹介したが、パネルの破損等にともなう土壌や水質の汚染、有害物質の下流域への流出も大きな懸念材料だ。

ＦＩＴ制度による電力の固定価格買取の終了で30年代になると、市場価に近い価格でしか売れなくなるから、撤退する事業者が多数出てくるだろうし、ソーラーパネルの寿命は20～

30年だ。以後は用をなさなくなる。

そうなると、膨大な産業廃棄物が30年代後半から出てくる。これは燃やして終わりという種類のゴミではない。正真正銘の産業廃棄物だ。実際、総務省は実態調査を行い、環境省と経産省に対し、次のような勧告を出している。

太陽光パネルには、有害物質（鉛、セレン等）が使用されている。パネルの溶出試験の結果、基準を上回る有害物質（セレン）が検出された。２０３０年代半ば頃から使用済パネルが急増する（15年：約２４００トン→40年：約80万トン）。使用済パネルの回収・適正処理・リサイクルシステムの構築に向け、法整備も含め検討すること。

（17年９月８日抜粋、総務省）

これを受け、経産省は次の見解を公表した。

太陽光パネルには、種類によって、鉛、セレン、カドミウムなどの有害物資が含まれている。パネルメーカーが積極的に情報開示をしていないケースもある。使用済太陽光パネルの大量廃棄のピーク時には、産業廃棄物の最終処分量の６％となる試算もあり、一時的に最終処分場がひっ迫する懸念がある。
（18年7月24日抜粋、経産省）

短くいうと、「太陽光パネルには有害物質が含まれている。今後、大量廃棄のピークを迎え、処分場は満杯になってしまう。法整備を含め検討すべき」というのが総務省の勧告で、経産省は「指摘された事実を是認する」と返している。

しかし、太陽光パネルについてこんなネガティブな話を聞いていた国民はどれくらいいただろう。

導入時、このような話は情報として広く公開されず、話題にもならなかった。

今もそうだが、太陽光発電は脱炭素で環境にやさしいグリーンエネルギーだと、メリットばかりが、喧伝《けんでん》されてきた。今もマイナス面は報道されることはほとんどなく、２０２２年には東京都では新築の戸建て住宅にソーラーパネルの設置が義務付けられることにまでなった。

数々の汚染物質があることや、処分しきれず拡散していく可能性があるという問題は、後出しで棚上げされたままだ。

廃棄物処理法等の規定によると、太陽光パネルは、金属くず、ガラスくず、コンクリートくず、陶磁器くず、廃プラスチック類の扱いに区分される。

しかも、特別管理産業廃棄物（鉛、セレン、カドミウムなど）を含んでおり、これらは規則上、「爆発性、毒性、感染性その他の人の健康又は生活環境に係る被害を生ずるおそれがある性状を有する」産業廃棄物とされていることから、浸出水処理施設が必要な「管理型処分場」で埋め立てなければならず、処理費は高額になる。

すでに山岳、農地、ゴルフ場跡地などに、メガソーラーなら一か所あたり何十万枚、列島全域だと何億枚ものパネルを並べてしまったが、これらは10年後あたりから大量の産業廃棄物となる。パネル廃棄のピーク時の39年には約78万トンとなり、全国処分場の6％をこれらソーラー関連廃棄物が占めるという試算（環境省、16年）もある。そのとき、果たして想定どおりの処分ができるかどうか。満杯になったから処理できなくなったというのでは困る。

30年代後半、もし運営していた法人と連絡がとれなくなり、ソーラーパネルの現場放置が増えていくとすると、どうなるか。水は高いところから低いところへ流れるから、ソーラーパネルの下流域にある河川、水田、畑は破損したパネルから流出する有害物質で汚染される。

そうなると当然、植物も動物も影響を受ける。

タイムラグがあり、程度は不明だが、鉛、セレン、カドミウムを体内に取り込んでしまうだろう。汚染された植物や動物を完全に除外し区分することはできないから、メガソーラーの下流域では水田も畑も耕作には適さなくなり、水も飲めなくなるおそれがある。

公害——。

昭和の時代に一度経験した過ちを、再び私たちは令和の時代になってもやらかしてしまうのか。

なお、改正再エネ特措法により、2022年4月以降は廃棄費用はきちんと用意されるので、「廃棄についての心配は当たりません」と考える人もいるかもしれない。しかし、蛇の道は蛇だと私は考える。官をよく知る知恵者はきっと抜け道を指南するだろう。発電効率の低下や訴訟リスクを秤《はかり》にかけた上で、一般的な源泉徴収方式（廃棄費用を天引きされる方式）を受け入れつつも、20年という満期まで待たず、転売したり、時機を見て解散する者も出てくるはずだ。合同会社の出資者構成を変え、別の業態へ組み替えていく。

また後々、放置した現場で面倒な問題が発生し、住民から訴えられることを見越し、計画的に事業会社（合同会社）を倒産させたり、別会社に転売したりすることも出てくるはずだ。こうした転売先に国外（外資）も含まれる。糸の切れた凧のようになった所在不明の事業者は、当然ながら火災保険にも、地震保険にも入ることはないだろう。

海外製パネルの毒性は「企業秘密」

日本国内に設置されるソーラーパネルの生産地は、大半（8割）が外国産で、そういった外国製のパネルの中には日本国内で禁じられているカドミウム等が使用されているケースがある。

さらに、ソーラーの海外製造業者は自らの製品について、秘密を明かさない。

前掲した総務省の実態調査による勧告は、興味深い内容を伝えている。

製造業者に有害物質に関する情報を照会したことがある5事業者（2排出事業者、3産業廃棄物処理業者）の状況をみると、国内の製造業者から有害物質に関する情報を得られた例（3事業者）がある一方で、海外の製造業者からは、企業秘密などを理由に有害物質に関する情報の提供を断られた例（2事業者）がみられた。（17年9月8日、総務省）

どれだけの毒がソーラーパネルの中に入っているか。この問いに対し、海外の製造業者の場合は「答えない」のである。答えない理由を問うと、「企業秘密である」と回答したと、総務省は公表している。

企業の社会的責任やコンプライアンスという問題に対し、対話する姿勢がない。ソーラーパネルの海外製造業者には、そういう企業が交じっている。

つまり、パネルにどのような有害物質が含まれているかわからない。そんなソーラーパネルが山一面、また広大な平地に敷き詰められていることになる。この事実は、現状としてかなり深刻だ。しかし、日本政府はなぜかそれを停止させず、コントロールできなくなっている。

このようなことが続くなら、今後、環境省と経産省で「家電リサイクル法」や「自動車リサイクル法」と同系の廃物処理制度を導入したとしても、前途は非常に険しい。

世界の太陽光パネル（モジュール）の生産能力については世界市場シェアの74・7％[1]（21年）が中国であり、その原材料となるポリシリコンの世界シェアについては約45％[2]（20年）がウイグル地区である。これらは強制労働によってもたらされたウイグル人の涙の産物である。

こうした海外製造業者に協力を求めても、実行は不可能だろう。新疆《しんきょう》ウイグル自治区で生産されている製品ならなおさらで、製造業者は貝となって口をつぐむのではないか。

30年代以降の日本を占ってみると、暗い。

採算性の面で、発電を続けられなくなったソーラーパネルは放置され、流れ出す有害物質は下流域に広く及び、将来にわたって使えない死蔵国土（Abandoned land）が、全国の流域で広がっていく。せっかくの日本の原生自然、美しい日本が汚染されてしまう。自然界の植生遷移により、パネルはしだいに蔓《つる》や樹木によって覆われ、森の中に隠れていく。さしずめマヤ遺跡のような廃墟《はいきょ》になり、何十年経っても朽ちながら汚染物質をたれ流すパネルは残り続けるだろう。

ただ全てのパネルは隠れない。一部は太陽光を受け、発電し続ける。もし誤って入林したなら、感電するおそれがあり危険である。有害物質も排出する。危険なゾーンとして、躯体《くたい》撤去や土壌改良が必要となる。改正再エネ特措法（2022年）によって積み立てられる廃棄費用で足りるだろうか。漂流船体の処理と同じで、最後は地元自治体が高額な処分費を泣く泣く自腹で支払うことになりかねない。その時、自治体に、また国に財力はあるのだろうか。

このように再エネ発電は、環境にやさしいとされ、もてはやされているが、冷静に考えれば問題が少なくない。化石燃料やウランは確かに使わないけれど、発電そのものはソーラーパネルや巨大風車など、大量の設備を必要とする装置型発電で、年々劣化していく各種設備は必ず更新しなければならない。

ソーラーパネルやその架台などの設備原料には大量のガラス、鉄、プラスチック、コンクリート、そして前述のとおり、有害な金属部品（鉛、セレン、カドミウム等）が使用されている。

パネル部材の生産現場やその原材料であるレアメタルの採掘現場では、環境安全基準を無視して採掘していくから安価に調達できている。つまり自然環境や人体保健に配慮しないから、安く済んでいる。

輸入パネルを見ているだけでは想像できないが、そういった原材料を確保するには、鉱物の採掘・精錬に伴う原産地での環境汚染（土壌・水質・大気）も避けられない。

パネル材料のポリシリコンについていえば、本項で記したとおり、世界シェアの約45％が新疆ウイグル地区だが、そういった現場の実態は決して報道されない。ウイグルでの人権侵害を無視した生産物は、「綿花」や「トマト」だけではないのだ。

日本国内の太陽光導入容量（IEA、20年末実績）はすでに中国、米国に続いて世界第3位。平地面積当たりの導入量はドイツの2倍で、世界一である。[3] それでもまだ足りないのだろうか。地球と自然にやさしいからと、さらなる再エネ導入が求められている。

（1）ＩＥＡ（国際エネルギー機関）「Solar PV Global Supply Chains」による。
（2）ＪＥＴＲＯ報告（２０２１年6月25日）による（出典　英国シェフィールド・ハラム大学調査：In Broad Daylight:Uyghur Forced Labour and Global Solar Supply Chains）。
（3）「国内外の再生可能エネルギーの現状と今年度の調達価格等算定委員会の論点案」（22年10月、資源

エネルギー庁）

消えた自然保護運動

ソーラー発電の問題はまだある。

防災面である。

すでに熱海や神戸などで土砂崩落災害が報道されてきたが、大量の土砂を動かすソーラー開発は豪雨災害に脆弱な里山里地の住宅街を危うくしている。

ここに参加している市町村は皆、感じていることと思うが、太陽光発電が日本の森林を切り刻んでいる。外国資本がやりたい放題だ。谷を平気で埋めたりする。何か対策はできないのか。

（22年12月23日、国有林野等所在市町村長有志連絡協議会）

静岡県伊豆《いず》市の菊地豊《きくちゆたか》市長はそう憤慨し、国に対策を求めた。

しかし実際に災害が起こり、訴訟沙汰《ざた》になっても解決に至るハードルは高い。なぜなら、森林、伐採、開発、パネル設置、それぞれの事業者の因果関係が十分に分かっておらず、裁定は容易ではないからだ。山地災害のメカニズムについて、きちんと証明できる実験データも十分揃っているとは言えない。

防災だけではない。景観や開発地に生息していた野生動植物への影響も解明されていると は言いがたい。

列島改造論の時代（昭和40年代）やバブルの頃（昭和60年代）の自然保護運動は熱かった。奥山伐採やゴルフ場開発に反対した者たちは、若く勢いがあった。地元自然保護団体の問題提起からはじまり、それを全国組織の自然保護団体本部がバックアップし、一大反対運動のうねりをつくり上げていった。当時のマスコミも保護派に味方し、支援した。おかげで、無理な皆伐やゴルフ場開発には一定程度の歯止めがかかった。

ところがこの10年。

ソーラー発電や風力発電の新規立地に関して、自然保護運動は低調のように私には思える。メガソーラーは次々と森を伐り、ブルドーザーで山を削り、河川や田畑を汚し続けているのだが、疑義の声はさして上がらず、盛り上がらない。政府も企業もメディアも、再エネ促進、温暖化対策、ＳＤＧｓ……とメガホン役を続けている。

２０２２年、太陽光発電で認定された土地の総面積は、全国で推定13・7万ヘクタール(1)で、国内ゴルフ場の総面積（概《おおむ》ね20万ヘクタール）の7割程度にもなる。ただし太陽光発電の開発ブームは短く、わずか5、6年間での集中型開発であり、ゴルフ場以上に人工構造物を一面に並べ立てる。自然環境への負荷レベルでいうと、ゴルフ場と同等かそれ以上だろう。

にもかかわらず、最近は自然保護団体の大手の行動にも首をかしげざるをえない。中央の自然保護団体（パンダマークのＷＷＦ等）はほとんど登場しない。ＨＰなどを見てもこうした開発に対して声をあげている様子が見えないのだ。

メガソーラーや風力発電の場所にはオオタカの営巣地があるし、棲《す》み処《か》を奪われ、餌に困ったイノシシやシカ、サルは里にまで下りてきている。釧路《くしろ》湿原ではキタサンショウウオの絶滅も心配されているが、研究者や専門家たちは後追いの消極的参加しかしない。一部を除いて再エネによる自然破壊行為への反対の声を上げず、積極的に自然保護に関与しようとする学者も出てこない。純粋な意味での識者による自然保護活動は、なくなってしまったのだろうか。

かろうじて日本自然保護協会（ＮＡＣＳ－Ｊ）は声明を出し続けていて、保護部の若松伸彦《わかまつのぶひこ》氏は、「温暖化防止の観点から再エネ推進には賛成ですが、重要な自然環境を犠牲にしての推進は目的を見失っています」と表明している[2]。

ただ、世界的規模や全国的規模でみると、自然保護団体の多くは、多額の寄付を再エネ事業者や投資企業、融資金融機関から得ており、また自然保護団体も自らが再エネ事業者になったりしているから、同業の再エネ事業者に対して遠慮しているように見える。

考えたくはないが、所詮《しょせん》、自然保護の分野も金次第ということになっていて、スポンサー企業には逆らえなくなっているというわけか。

ドイツ在住の川口《かわぐち》マーン惠美《えみ》氏によると、ドイツ最大のNGOである「NABU」（ドイツ自然保護連盟）は、風力発電による野鳥の被害を理由に事業者を相手取って訴訟を起こすが、指定した金額を事業者が寄付すれば訴訟は取り下げるという（『無邪気《ノーテンキ》な日本人よ、白昼夢から目覚めよ』WAC BUNKO）。

これでは「儲かる仕事」（ディ・ヴェルト紙）で総会屋まがいだが、この仕事がNABUの得意技になりつつあり、寄付を受けた後には、「鳥に優しい○○社」というお墨付きまでくれるらしい。

22年6月、ドイツ銀行が名ばかりのESG投資（グリーンウォッシュ）を行っていた疑いをもたれ、やり玉に上げられた。独検察・金融当局の捜索が入ったが、この類《たぐい》のグリーン化に走る傾向は全世界に広がっている。

ちなみに、ESG投資とは、E（Environment 環境）、S（Social 社会）、G（Governance 企業統治）の三つの基準に合う企業活動を行う企業への優先的な投資をいう。

（1）ソーラー発電に必要な土地面積として、1キロワット当たりの事業面積を20㎡（開発面積は10〜15

㎡）として試算した。全国の総発電量6839万キロワット（事業計画認定済、23年2月17日）は、13・7万ヘクタールに相当する。

（2）「自然度の高い場所が風力発電施設の計画地に」（https://www.nacsj.or.jp/2021/10/27886/）

乱開発なのに止め道具がない

自然保護運動が盛り上がらない今、無秩序かつ大規模な再エネ発電を止める方法は他にないものか。

林地開発許可や環境アセスメントはどうだろう。これらの法規制に期待できないものか。

まずは林地開発許可制度だが、この制度は保安林制度ほどの厳格な規制を期待できるものではない。保安林制度は公共公益的な目的の開発でなければ開発許可が下りず、道路開設はもとより、一本の樹木伐採さえ前もって許可（または届出）申請しておかなければできない厳格な制度だが、保安林以外の森林に適用される林地開発許可制度はそこまで厳しくはない。

0・5ヘクタール以上[1]（22年度までは1ヘクタール以上）の林地開発に適用されるもので、県知事が開発事業者に対し、開発工法等の注文をつける仕組みになっている。ただ事業者が開発計画を作成し、一定要件を満たしたものを提出すれば、行政は許可しなければならない（森林法第10条の2）。

総面積のうち太陽光発電をぬき出すと図２－１のとおりで、我が国の林地開発は２０１３年以降、急増した。再エネバブルが原因だが、この増え方は、昭和40年代後半の列島改造ブーム以来になる。20年以降は環境アセスメントの提出が義務付けられたこともあり、減少した。

中には頻繁に開発業者を変えながら、荒っぽい開発を進めていく業者も登場しており、やり直しの行政指導が繰り返された例もある。しかし、「事業（プロジェクト）そのものを止めさせた」という事例は聞こえてこない。

環境アセスメントも同様で、制度的には事業を止めるまでには至らない。

日本の環境アセスメントは、事業を実施することの是非を問うものではなく、事業そのもののやり方（手法）を評価する事業アセスである。

仕組み上、現行の環境アセスメントは「計画の早い段階で住民のチェックによって事業の是非を問う」という形式にはなっておらず、事業を止めるツールにはなり得ていない。

もっと言えば、環境アセスメント自体が事業者負担により行われる。事業者がアセスメントを行うコンサルタント（調査会社）を指名し、委託して行う。委託されたコンサルタントは、当然、事業者からお金をもらっているから開発事業が円滑に進むよう、環境基準に合致するよう、うまく数字を合せることに精力を注ぐ。そうした帳尻《ちょうじり》合わせの能力をもつコンサ

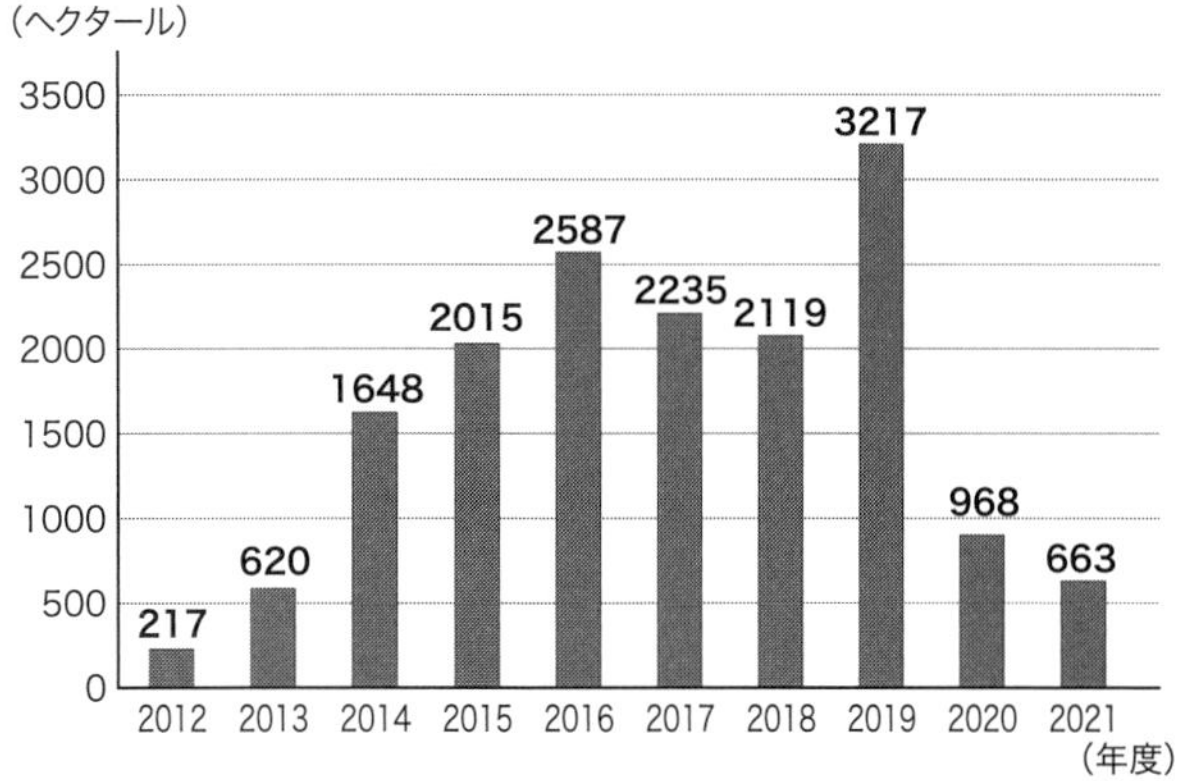

図2-1　林地開発許可面積（太陽光発電分）（出典　林野庁HP掲載資料をもとに作成）

ルタントが選ばれ、コンサルタントはそうしないとアセス事業にありつけない。関連業界や環境団体から「環境アワスメント」だと呼ばれる理由もそこにある。

加えて、アセスを管轄する環境省はこのところCO_2削減のみならず、再エネ促進事業も経産省とともに担っているため、個別の再エネ事業にブレーキをかけたり、それを「止める」という発想はわきにくい。

結局のところ、全国の再エネプロジェクトに対し、自然保護団体は動かず、林地開発許可制度や環境アセスメント制度も事業の手法や工法を規制するのに留まっている。プロジェクトそのものの止め道具はどこにも見当たらず、国中すべてが、再エネの推進役になっている。

（1）　1974（昭和49年）年に創設された林地開発許可制度は、1ヘクタール以上の開発に適用されたが、ソーラー開発が急増したこともあり、規制強化されて、2023年度からは0・5ヘクタール以上のソーラー開発のすべてが規制対象となった。

再エネへの同調圧力

それゆえ、多少のネガティブ要素があったとしても目に入らない。

結果的に再エネ案件について言えば、「許認可要件（形式）さえ満たしておれば、許可しなければならない」と、担当部局は強迫的に考えてしまうだろう。

本来なら行政指導で規制内容を細かく現場指示したり、地元市町村、住民らと良好な関係を維持するように……などと、制約条件を付すべきであっても、「再エネ」促進なる金科玉条には逆らえず、形式だけの審査になってしまいがちだ。

事業者の素性や信用度を理解することなく、性善説で反社勢力以外は機械的に許諾する。それが現場側（許認可者）の習い性になってしまっていないか。

太陽光、陸上風力、洋上風力といった自然エネルギー推進の勢いは収まらないし、ここ20年以上にわたる「規制緩和の無条件な礼賛」は変わらない。現場官庁での認可・採択の際の審査は緩くなるばかりだし、国公有地の売却や貸付は、「財政収入の確保」というかけ声によって、奨励され続けている。1円でも高い札を入れる者が落札できるわけで、外資か否かは問題外だ。日本列島の切り売り計画は止まらず、国境離島や防衛施設隣地なのに日本人の土地ではない、そんな報道が増えている。

しかし、ここで立ち止まって考えたい。

第一章末のコラム「合同会社の秘密」で述べたような合同会社を隠れ蓑《みの》にしたペーパーカンパニーや、シンジケートローン、ハゲタカファンドのその後はいったいどうなるのだろうか。

いったん許認可を得た参入者や国公有地の落札者にしてみれば、法令や契約書に書かれていないことなど、決して「ある」とはならない。契約事項に書かれていない口頭指示は軽視されがちだ。

しかも昨今の事業者は、これまでくり返し述べてきたように出資者が公表されない合同会社で組成されているケースが少なくない。企業構造はますます複雑で難解になっており、中には外国政府の関与が疑われたり、資産隠しのための投資なのでは？　としか思えないような事案も交じる。

それらを理解できないまま、ただ急《せ》かされて、再エネだから急いでと迫られ、許諾してしまう。昨今の窓口事情はそのような対応が続いていまいか。

なお、正体がわからない鵺のような事業会社の一例を挙げるなら、再エネの事業者となっている合同会社名は番号で呼ぶのが一般的なようで、合同会社開発11号、合同会社風力44号……とし、合同会社の代表社員は一般社団法人開発11号、一般社団法人風力44号などと名付けられるケースがしばしば見られる。これではだれが責任者かわからない。

工事が終わると、ほどなく解散させ、一文字違いの別会社に変えたりするケースもある。福島県西郷村の項で見てきた事例（34ページ～）のとおりだ。行政指導の対象となる事業者を、事業の局面ごとにコロコロ変えていく。前事業者が結んだ都合の悪い誓約書や行政から直接受けた指導内容を反故にしたり、目くらましで担当者を替え、事業者をわからなくさせてしまう効果を期待しているため、と私は解釈している。

再エネではじまる中国依存と日本弱体化

再エネの問題としてもう一つ指摘しておきたい。

エネルギー特質としての問題、弱点で、どうしても避けられない。それは太陽光や風力発電の「間欠性」である。

必要な時に発電してくれない。発電量が安定しない。気まぐれなのは発電そのものがお天気に依存しているからだ。風力発電も風次第だからあてにはできない。

2022年1月6日から翌日にかけて、東京電力管内で停電一歩手前の状況に陥った。強い冷え込みで需要が急増した一方、悪天候で太陽光発電の出力が下がったためだが、急《きゅう》遽《きょ》、東京電力パワーグリッド（東電の子会社）は他の電力会社から電力融通を受け、急場をしのいだ。

同年3月以降、岸田総理はたびたび「節電にご協力いただきたい」と国民に省エネへの理解と協力を呼びかけている。

しかし、今後自然再生エネルギーのシェアが増えていくと、こうした傾向はもっと強まる。いくら資金投下し、日本列島のブロック間で電力の融通を利かせようとしたとて、発電自体が自然由来の再エネなら同じだ。停電の危険性が頻繁化する。

結局、再エネ発電を安定化させるには、蓄電のシステムを強化するしかないが、この蓄電池もインバーターも中国製のシェアが圧倒的で、依存度はまた高まる。

太陽電池出荷量（2020年）を国別に見ると、中国がトップで全体の67％。[1] メーカー別のランキングでは、第1位から第5位まで全て中国勢で、第1位 Longi（隆基緑能科技）、第2位 Tongwei Solar（通威太陽能）、第3位JAソーラー（JA Solar）、第4位 Aiko Solar（愛旭太陽能科技）、第5位トリナ・ソーラー（Trina Solar）と続いている。

再エネ備品のサプライチェーンにおいて、その世界シェアは、ほぼ中国の独占状態が続いている。調達のみならず、メンテナンス上でも中国の存在は大きい。

洋上風力でも同じだ。

安さばかりでなく、品質面でも評価を得て、中国はシェアを伸ばしてきており、中国依存を変えることは、現実的に難しくなっている。つまり、再エネを増やせば増やすほど、中国製品と関連システムの輸入が増え、中国依存はますます高まっていくのだ。

日本は火力発電を一切敵視し、原発稼働の扱いも特に慎重にしているから、とり得る選択肢は多くはない。ただただ再エネへ猪突《ちょとつ》猛進するだけだ。

このような仕掛けを容認し、政府を挙げて後押しするようになってしまったのはいつ頃からか？

再エネという罠《わな》に、私たちはなぜ気づかなかったのだろう。

深謀遠慮の仕組みだという見方もあるが、私もまた、そう思う。

2022年5月、我が国では経済安全保障推進法が成立したことにより、技術保全やサイバーセキュリティの面における原材料や製品の調達で、かつてのような無頓着、オールフリーの状況から脱することを目指すことになった。

安全保障面でようやく踏み出した。しかし、私はあまり喜べない。なぜなら、同法が課す制限内容が、勧告などの限定的なレベルに留まっているからだ。

もし、その勧告対象となった相手が他国の国営企業や政府系ファンドであった場合、どうなるのか。日本政府からの安全保障上のお願いは、母国からの強制に勝るだろうか。

（1）米SPV Market Research「Solar Flare」による（出典 Junko Movellan「２０２０年の世界太陽電池市場、シェアトップ5社は？」日経ＢＰ　メガソーラービジネス　２０２１年5月24日）。

頼りにならない重鎮たち

安全保障上の諸問題に関し、依然として力及ばずの状況が続いているが、日本はこれまでいったいどうしてきたのか？　この15年、国会は無策だったのか、議論してこなかったのか。そんなことはない。

国土買収問題について言えば、民主党政権時代（２００９〜12年）には「外国人による土地取得に関するプロジェクトチーム」を、自民党政権時代（12年〜）は「安全保障と土地法制に関する特命委員会」などを置いて検討してきた。

こうした場面に私は何度か呼ばれて話をしたことがあるが、会合そのものは盛り上がる。威勢のいい発言が続く。ただなぜかその場限りで次回まで続かない。法律制定に至らない。

どの国会議員も忙しすぎるのだろう。選挙に追われ、マスコミへの露出を優先し、資金集めも忙しい。仕事の過半がそういった選挙対策に向けられてしまう。議員が立法のための仕事に割ける時間は限られている。

「私の仕事の半分以上は、地元民への選挙対策。地域の祭りや催し物に顔を出して挨拶することです。これが仕事なんですね。勉強する時間なんてとれませんよ……」

中堅国会議員はそう吐露したが、これが日本の政治である。

市町村議会議員も県議会議員も国会議員も、皆、当選するために同じことをやらされている。立法のために深いところから考え、対策を講じていく仕組みにはなっておらず、有望なやる気のある議員たちの将来の成長の芽を摘んでいると私は思う。

今なお国会で、臆《おく》せずこの外資土地問題を指摘している議員は、本当に少数の議員に限定され、大きな声に発展していかない。重鎮では数えられるほど少なくなった。

地方議会も低調だ。一例を挙げてみよう。

山口県議会では、上海電力日本の太陽光発電の建設現場をめぐって、こんなやりとりがあった。だいたいこういった質問をするのは女性議員か新人議員である。メガソーラーの問題に対し、是々非々で声を上げ、真偽を糺《ただ》す議員に男性のベテランはほぼいない。

水田の耕作に大変な迷惑を被っているというところもありますけれども、一回完了したら県としてはもうタッチしないと、そうなると誰に相談したらよろしいんでしょうか。

（21年7月6日農林水産委員会、井原寿加子議員）

対する行政の答弁はこうだ。

太陽光発電等に関します苦情といいますか、問題に対しましては、一義的には国の責任において事業者に対して必要な指導を行うべきということになろうかと思います。…相談事項がございましたらそういったホームページを活用して、直接、国に相談するということも考えてもらえればと思います。

（同、山口県森林整備課長）

木で鼻をくくったような回答ではないか。県当局はルールがそうなっているからと繰り返すばかりで、逃げている。

同県では上海電力日本に忖度したのか、20年度からはじまった環境アセスメントの適用を免れるための駆け込み申請や林地許可制度の「前倒し認可」など、県行政にせっついた重鎮県議（自民党）がいたという話を聞いた。地方自治は本当に大丈夫なのかと心配になってしまう。

南九州ではこんなこともあった。

10年くらい前、水源林買収の問題に気づき、新人議員として規制するための条例づくりに奔走していた県会議員がいたのだが、何期か勤め上げ、県会議長級のポストに登りつめていくにつれ、本テーマから遠のいた。

久々にコンタクトをとってみると、のらりくらりとはぐらかされた。

(万人とうまくやっていかないと議員は何期も務められないのだよ)

(いつまでそんなことを言いつづけているの……?)

そう言わんばかりの調子で、かなりがっかりした。

私の経験から語ると、押しなべて重鎮クラスになると、この問題を扱おうとしない。地方の要職を続けるには本テーマはスルーせざるを得ないのだろうか。土地買収や建設工事者の邪魔をしないニュートラルな立場にいた方が次の選挙を考えたとき得策だからか。

目立たないようにしながら転向して、促進側にまわっているのかもしれないと疑いたくなってしまう。

人はいつまでも同じではなく変わっていく。立場も価値観も。私は何人もそういう人を見てきた。

「地方には限界がある」

「安全保障は国でしっかりやってもらいたい」

本テーマに対し、多くの地方議員はこう言うが、議員であり続けることが目的化していまいか。

〈今だけ、お金だけ、自分だけ……〉

そういった願望は誰しも持っていて、理解できないわけでもないが、しかし現実は、ほぼ例外なく多くの者がその方向に走り出している。

グリーン化礼賛のツケ

話が少しそれたが、ここで改めてグリーン化推進に至る我が国の歩みを簡単に振り返っておこう。

今日もＣＭは、心地よい響きで私たちにCO_2ゼロを説き続け、自治体も企業も戦略上、はずしてはいけない達成目標にCO_2削減を掲げている。ＳＤＧｓやファッショナブルなグリーン化のかけ声は大きくなるばかりだが、本来、ＳＤＧｓは17項目からなっている。安全な水、海や陸の豊かさ、経済成長についても同じく目標項目として掲げられている。

にもかかわらず、13番目の温暖化対応、CO_2削減だけが特別扱いされ、その一面を切り取った再エネ推奨が日本ではいつまでも続いていて、石炭発電は悪者扱いのままだ。

「２０３０年に２０１３年比で46％削減を目指す」

21年春の気候変動サミットで、日本は当時の菅義偉《すがよしひで》首相がそう約束してしまったが、まじめな日本政府はCO_2削減目標をさらに20％も引き上げるため、電源構成に占める「再エネ」シェアを「36〜38％」そして「更なる高みを目指す」「このうち太陽光のシェアは14〜16％」とまで閣議決定（21年秋）しようとした。

急先鋒《きゆうせんぽう》は河野太郎《こうのたろう》規制改革担当大臣（当時）と小泉進次郎《こいずみしんじろう》環境大臣（同）だった。結果的に21年8月、河野大臣は反対する事務方を強権で押し切ってしまったが、パワハラ騒ぎにもなっている。

ただ、このような脱炭素の取り組みは次の三つを同時に突きつけた。

①　国民に負担増（電気代の増嵩《ぞうすう》）を強いる
②　国内産業の国際競争力を低下させる
③　安全保障上も重大な問題を孕《はら》む

このことを国民にきちんと説明しないまま、国際的な空手形を表明し、無思考にもこんなに高いハードルの決定をしてしまっている。

２０３０年といえばあと7年しかない。エネルギー分野に詳しい杉山大志《すぎやまたいし》氏（キヤノングローバル戦略研究所）は、この政府目標値に対し、次のようにいう。

これを実現しようとすると、…単純に計算しても20％の深掘り分だけで、毎年20兆円の費用が追加でかかる…脱炭素は必ず破綻《はたん》する。

（「文藝春秋」22年3月）

おそらく日本は、30年には数値を達成できず、諸外国から責め立てられ、外交的にさらに不利な立場に追いやられるだろう。

逆に、中国、インド、ロシアは、「途上国は経済発展の権利があり、先進国は過去の排出責任がある」との主張を変えていない。中国は世界の排出量の3割を占めているにもかかわらず、途上国を装って30年まで実質的な削減はしようとせず、日欧米の削減競争を煽っている。

ウクライナ戦争後、エネルギー需給がタイトになってきた欧米や中国は今、エネルギーの主力を石炭火力と原子力にシフトさせている。目立たないよう、この2分野の新設に懸命だ。

日本はこれができない。

政府は安全保障がからむエネルギー政策について、原発稼働も含めた政治的な判断をしなければならないはずだが、自縄自縛に陥っているようにも私には映る。原爆と福島原発により、日本には原子力に対する特別な感情があるのは事実だが、目標数値を達成するために、気まぐれな再エネだけに着目して、そこまでして導入しようというのは、どう考えても無理がある。

結局、この計画を実現させようとして一番の被害者は国民になるだろう。

54ページでも記したが、我々は電力料金のかかり増し分を負担しなければならないから、いつの間にか高い電気代を払わされている。私も毎月、二段書きで送られてくる請求書の下段を見るたびため息をつく。

二段書きの二行目に書かれた「再エネ促進賦課金」は、年間1万0764円（22年度1世帯当たり）。この他に、企業法人が支払うかかり増し分は製品価格に転嫁されていて、この試算には入っていない。日本全体の賦課金合計が年間2兆7000億円だから、それを割り戻すと、一人当たり年間2万2000円以上が実質的な国民負担額だ。今後はこれがもっと増え、ずうっと吸い取られていく。

グリーン化の理念と理想は素晴らしいが、私たちは高価な再エネを妄信し、そのしわ寄せを家計で被り、しかも節電まで強要されている。経済的な余裕がないのに、贅沢《ぜいたく》なエネルギーを購入し続け、自らの首を絞めている。もっと言えば、再エネによって環境破壊や将来の公害まで呼び込んでいる。

電力が人質になる

大規模な自然災害などの有事の際、暮らしに直結する食・水・エネルギーは、生きていく上で欠かせない。それらの安定供給は公の秩序の維持の側面からも軽視できない要素である。そんなエネルギー（電気、石油、ガス）は、「武器」に代わって機能する。

かねてロシアは、政治的な対立が起こるとパイプラインのバルブを締める手段に出ていたが、その延長上に今日のウクライナ戦争がある。

日本の場合、「エネルギー分野の安全保障」といえば、まずはシーレーン（海上交通路）の確保を指す。中東からの輸送路を断たれたら、エネルギー供給は壊滅的に低下する。南沙《なんさ》（スプラトリー）、西沙《せいさ》諸島が外国勢力によって占有され、シーレーンが閉ざされると日本は立ちゆかなくなる。

ところが、中国は南沙諸島に人工島を建設するなどシーレーンの実質的な支配を着々と進めているし、ここまで述べてきたように昨今は、再生エネルギーへの外資参入が広がっていて、太陽光のみならず、陸上風力、洋上風力、バイオマスの分野へまで進出している。外洋環境が危うくなっているにもかかわらず、国内供給面でもエネルギーインフラの自立化を手放し、発電から買電までのあらゆる規制緩和を見境なく続けている。

私には戦後からずっと日本は万事に牧歌的のように見えてしまう。

少し前の話だが、唐津《からつ》市が上海に本社があるスカイソーラーの日本法人、スカイソーラージャパン株式会社（現ブルースカイソーラー株式会社）を誘致したことがあった。誘致を決めた唐津市長は喜びをこう語っていた。

世界的な実績をもつ企業に来てもらえてうれしい。今後の再生可能エネルギー展開に助言をもらえれば。

（「佐賀新聞」12年8月25日）

政府（経産省）も、外資の発電所を容認し続けている。

「外国資本でも日本で法人格を取得していれば排除することはできない」

「日本は大規模な立地が難しいことが外国企業が入ってこない理由でもあった。規模が大きいことは悪いことではない」（経産省幹部）

（「Asahi Shimbun Weekly AERA」14年1月27日）

外資を歓迎する声は国内ではずっと優勢なままだ。

14年以降は、日本の電力システムのさらなる自由化を見据えた外資の本格的な参入がはじまっている。

しかし、日本国内の電力供給側にはいくつかの制度的不備が指摘されている。

例えば現在、我が国の一般電気事業者（大手10電力）には安定供給義務が課され、災害時には災害基本法に基づく指定公共機関になっているが、外資の発電事業者や新電力（ＰＰＳ＝特定規模電気事業者）などはその指定公共機関になっていない。当然それらの義務が課されていない。

こうした制度的な問題を孕んだまま、ソーラー発電、風力発電、洋上風力発電……への外資参入（出資及びＭ＆Ａ）の動きが進んでいる。

再エネ偏重によって、日本はもともとあった安定的なエネルギーの供給システムを手放し、中国依存からますます抜け出せなくなっているが、エネルギー政策に詳しい石川和男《いしかわかずお》氏（元経産省・東京財団上席研究員／社会保障経済研究所）は次のように憂慮する。

「中国系、ロシア系のエネルギー企業がどんどん参入してくると、日本の電力供給が彼らにコントロールされかねません。上海電力の太陽光パネルや中国製の風車などに遠隔操作できるような仕組みが仮に入っていたら、意図的に停電を起こされる恐れもある—というくらいの危機感を持つべきです」

（「正論」22年8月号）

エネルギーインフラの外資化は亡国

今日、CO_2削減やゼロカーボンという目標だけに目を奪われているが、生存インフラの外資化や国土の外資化が進んでいくと、安全保障や公の秩序の維持の観点からは、それらが脅威となることを忘れていないだろうか。

我が国の電力システム改革（自由化）は、①発電、②送電、③配電、④売電の4区分のうち、①発電が1995年に自由化され、④売電（小売部門）の完全自由化が2016年になされた結果、消費者は自由に電力会社と料金メニューを選べるようになった。

20年度には電力の安定供給のために独占を避けながら、また公平性、中立性を保つことを目的に、①発電と④売電との分離（分社化）が実施され、②③の送電・配電については、①発電や④売電を営むことが禁じられた（法的分離）。

こうした動きに対し、どこまでも自由化したり、規制緩和していくことは素晴らしいと無邪気に喜んでいてはいけない。分社化されたり、法的分離があろうとも、グループ会社全体なら、全ての分野をカバーすることは容易であるからだ。

電力は水道と比べて、グローバルな原料部品の調達、広域に及ぶ送電・配電・売電など、まだまだ外資参入の余地を残している。より広域で重層的な構造から成る電力分野は、各種規制の撤廃・自由化によって、今後さらに外資化は進んでいく余地があると私は見込んでいる。

今日、企業構造が3重4重の複雑な形態を当たり前にとっていく中、①〜④を一つのグループでコントロールしながら、やっていくことはできるだろう。1社が全体を統括できないわけはない。

もっと言えば、①②③④のそれぞれに外資の別々の企業が参入し、別々の経営を始めていったとしよう。日本の法律は守って①②③④のそれぞれが別会社として独自に活動していたとしよう。

しかしある日、突然母国からの指示で「送電ネットワークを閉じましょう」、あるいは「変電作業を中断しましょう」と伝達されたときにどうなるか。

①②③④の企業の母国が同じなら、揃って同じ対応をとるかもしれない。そうなると、分社化も法的分離も、何の効果も意味も持たないことになる恐れがある。

電力分野への外資の参入とは、そういうことなのである。

つまり「国内に外資の発電所を設ける」ことは、「電力を海外から輸入している」ことと同じであり、相手国しだいでは、安全保障上ゆゆしき問題に発展する火種になる。

インフラ分野の中でも、特に生命に直結する重要インフラ分野では、日本にとってリスクのある国、同盟国以外の国に依存していくことは、避けるべきであると私は思う。

このまま進んだ場合の日本の10年先、20年先を想像してみよう。

外資やその系列会社を含めた新電力グループは寡占化し、国民に一見、安価な電力を供給する時代が到来する。しばらくすると、何の前触れもなく、こうした外資がもつ発電施設が所属する本国の命により、敷地内の一切の立ち入り禁止と、突然の送電中止が起こる。あるいは、予期せぬ社内事情？　によって、電力締め付けが実施されていく。

その時、日本政府は外資（新電力グループ）に対し、電力の安定供給を求め掛け合うことになる。ただ交渉事だから、見返りとして不利な条件を都度都度、提示される。呑《の》まなければ国民は生活できず困ってしまうから、時の日本政府は〈総合的な判断〉として不利な条件も受け入れる。この妥協が繰り返されるようになると、外資（母国政府）側が提示する不当な条件もエスカレートしていく。やがて主権にかかわるガバナンス上の放棄や重要国土の一部譲渡までもが求められ、受け入れざるを得なくなってしまう……。

このような見立てがどうか杞憂《きゆう》であって、外れてほしい。

しかし、日本人の気づきが遅れるならば、薄皮が一枚ずつ剝《は》がされるように、通電条件として、複数の難題が提示され、呑まされ、また不本意にも少しずつ領土からの撤退を余儀なくされ、実効支配を受け入れざるを得ないという「サラミ戦術」（サラミを薄くスライスしながら全部を食べてしまうように、少しずつ滅ぼしていく戦術）の犠牲に、日本はなってしまうことを私は懸念する。

エネルギーインフラの外資化とは、かくなる懸念を呼び、亡国の策につながってしまうことを肝に銘ずるべきなのだ。

□コラム

ハワイ王国と日本

一国に世代を引き継いでいこうとする「意志」と「知恵」がなかったなら、また先の見通しを持たなかったならば、より強い国に呑み込まれていくしかない。

残念なことだが、何十年か先、この国の歴史を顧みたとき、「日本の岐路は２０１０〜20年代に決定づけられた」と評されるかもしれない。その時、11年の原発メルトダウン後に制定された12年のＦＩＴ法（固定価格買取制度法）は、時代を大きく変えた法律として位置づけられるだろう。

似たような事例を海外に探すと、国土を外国資本に明け渡し、結果的に国家を失ってしまったハワイ王国に今の日本は近く、ＦＩＴ法は、さしずめ当時のクレアナ法（ハワイ王国）に相当するかもしれない。

今から１７０年前。

ハワイ王国では当時、外国人は土地を持てなかったのだが、クレアナ法（１８５０年）は初めてそれを解禁した。

この法を得て島の土地を最も買い占めたのは、豊富な資金力をもつ白人（米国）のプランテーション農園で、代表格は「ドール社」だった。今もバナナやパイナップルに同社のシールが貼られているからお馴染《なじ》みの企業だが、同社を筆頭とする米国企業は、１８６２年までにハワイ諸島の４分の３の土地を占有していった。

対照的に、もと居たハワイ人は、しだいに生活の基盤を失っていき、劣勢に立たされる。

87年になると、真珠湾《しんじゅ》の独占使用権まで米国に明け渡すことになり、ついに98年、ハワイ王国は米国に併合されてしまう。外資による土地買収が始まってから、48年目だった。

日本は外資による土地買収が始まってから、すでに15年が過ぎようとしている。２００８年以降、山も畑も田んぼも、街中のビルもホテルも学校も、工場も物流センターも、そして海までもが外国資本に買い占められようとしている。

国土を外国資本に明け渡していくと、どのような現象がはじまっていくのか……。その先にどういった未来が待っているのか。

一連の顚末《てんまつ》については、こうした先例に学ぶことができるだろう。

今の日本は、ハワイ王国が踏んできた悲劇のプロセスを全くそのまま同じようになぞっている。

第三章　なぜ外資の国土買収はダメなのか

外資による土地買収について、私はこのままではいけないと思っている。これまでも随所で述べてきたが、本章では感情的な思考や道義的な観点ではなく、事実をもとに、なぜ問題視すべきなのかについて、簡潔に述べていきたい。

政府統計2022年——国土買収の公表値

まずは、「日本の国土はどれだけ外資に買われているか？」を見てみよう。

これに対する政府の公式発表を端的に言うと、外資の買収面積でわかっているのは一部の地目だけで、その他は十分に把握していない。つまり全貌《ぜんぼう》が摑《つか》みきれていないのだ。

政府は一部の地目（森林、農地）については毎年集計して公表しているが、それらは氷山の一角だ。

（全ての地目）

国土利用計画（国土利用計画法）によると、地目には、次の7種類がある。

1．農用地（農地・採草放牧地）、2．森林、3．原野、4．水面・河川・水路、5．道路、6．宅地（住宅地・工業用地・その他の宅地）、7．その他である。

地目ごとの面積は、各省庁、各都道府県、各市町村が集計した数値がある。毎年把握している地目もあれば、数年ごと、不定期的に集計する地目もある。現在、外資の分を区分して、公表しているのは、森林と農地だけである。

一度だけ、例外がある。

2011年、民主党政権のときの指示で、財務省は外為法（外国為替及び外国貿易法第55条等関連）に基づき、外資（外国人含む）によって買収された不動産を集計した。この時の集計対象は「全ての地目」で、合計3700ヘクタール（07〜10年の累計）であった。全地目の買収面積が集計されたのは、この時が最初だったが、財務省はこうした集計を、「今後行う予定はない」という。

（森林）

森林は、外資による買収面積が毎年公表されている地目である。

２０１０年以降、農水省（林野庁）は毎年、外資が取得した森林について、各都道府県からの報告を受け、公表している。10年は43件、８３１ヘクタール（06〜09年の累計）だったが、22年には５６９件、８４６５ヘクタール（06〜21年の累計、外資系法人含む）と公表した。12年連続の増加で、件数・面積はそれぞれ10倍以上に膨らんだ（図３－１）。

ただし、個別事例を追っていくと漏れが多い。

過少と思われる主な理由は、「外国人・外国法人」の定義を、「居所が海外にあるか否か」(1)〜(4)という観点で判断しており、また「外資法人・外資系法人」の定義を「資本比率」や「役員比率」だけで判断しているためである。

本書で指摘してきたように、ダミーの子会社（合同会社等）が取得したケースやカムフラージュするために日本人を登記名義人としたケース、未届出のケースなどが多数抜け落ちている。

長崎県や鹿児島県では登記上でも外資や外国人による買収がほぼ明らかな事例が、公表数値にはカウントされていない。

こうした事情を総合的に加え、私の長年の事例研究を併せ考えると、政府の公表数値は一桁、あるいはそれ以上少ないと見ている。

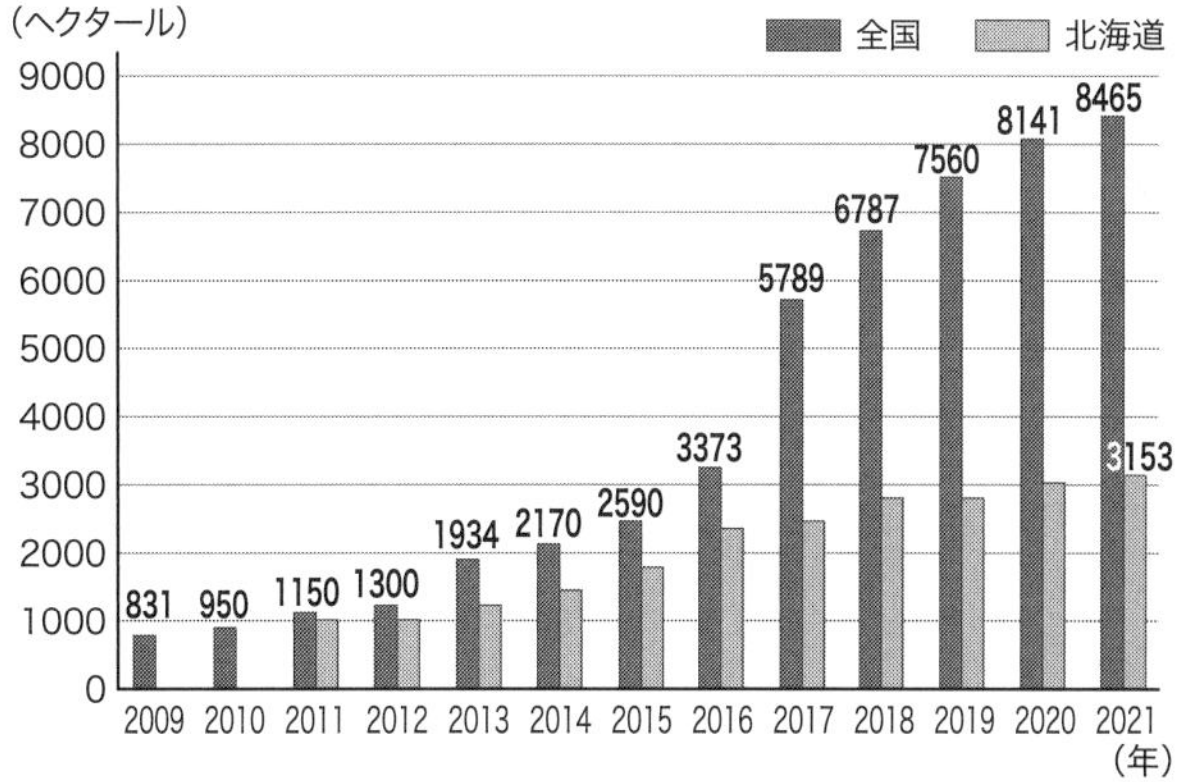

図3-1　外資・外資系による森林買収面積（出典　林野庁HP掲載資料をもとに作成）

（1）

「外資」の定義：本書で使う「外資」は、外為法（外国為替及び外国貿易法）に規定する「外国投資家」に準じており、以下の（一）～（五）に加え、（六）についても「外資」とみなして扱っている。

（一）「外国人（非居住者である個人）」

（二）「外国法令に基づいて設立された法人、又は外国に主たる事務所を所有する法人その他団体」（在日支店を含む）

（三）「右記（一）（二）による保有議決権（間接含む）が50％以上の会社」

（四）　投資事業を営む組合や投資事業有限責任組合など（外国組合を含む）であって、非居住者等からの出資割合が総組合員の出資の金額に占める割合が50％以上の組合または、業務執行組合員の過半数が非居住者等で占められている組合（特定組合等）

（五）　外国人が役員（または代表権限を有する役員）の過半数を占める法人その他団体

（六）「外国投資家のために当該外国投資家の名義によらないで、対内直接投資（特定取得含む）を行う場合」

（2）農水省（林野庁）の定義：（10年～）外国資本による森林買収に関する調査の結果について：林野庁（rinya.maff.go.jp）においては、「外国資本」は、「居住地が海外にある外国法人又は外国人と思われる者」であり、「外資系企業」は、「国外居住者又は外国法人による出資比率又は国外居住者の役員比率が過半数を占める法人」をいう。

（3）北海道庁の定義：（12年～）海外資本等による森林取得状況 ― 水産林務部林務局森林計画課（hokkaido.lg.jp）においては、「（居住地が海外にある）法人」は「海外に所在する企業」であり、「（居住地が海外にある）個人」は、「海外に所在する個人（日本人であることを確認できた場合を除く）」をいう。「外資系企業」とは、「国内に所在する企業で、外国法人の子会社など資本の五〇％以上を外国資本が占める企業」をいう。

（4）農水省（経営局）の定義：（19年～）外国法人等による農地取得に関する調査の結果について：農林水産省（maff.go.jp）においては、「外国法人」は、「本店の所在地が日本以外の国である法人」であり、「外国法人等」の「等」は、「居住地が海外にある外国人と思われる者」「居住地が海外にある外国人と思われる者が議決権を有する法人又は役員となっている法人」をいう。

（農地）

農地に関連する外資の買収面積も毎年、集計され公表されている。

19年以降、農水省経営局は全国の地方農政局から報告を受けたものを公表しており、19年は4件、14・3ヘクタール（17～18年の累計）だった。21年には7件、67・7ヘクタール（17～21年の累計）となっている。

これらの数値もまた、日本中の外資買収の現地を見てきた私の実感とはかなり異なる。少なく見えるのは、ダミー会社による買収や未届けのものが多数あることだけに起因しない。農地もまた定義上の問題となるが、在留外国人が占有する農地を全くカウントしていないからだ。これが買収の真のすがたをゆがめている。

匿名の情報なのでイニシャルで記すが、A県の事例（21年）を挙げると、外国籍を有する者等（外資系法人含む）が所有権・賃貸借権を有している農地は総計4783ヘクタールで、このうち所有権を有していると見られる農地は、約3100ヘクタール、賃貸借権を有していると見られる農地は約1700ヘクタールであった。

山手線《やまのて》の内側面積6300ヘクタールの76％に匹敵する面積が、A県だけですでに外国人によって占有または占用されている。

国籍別に見ていくと、中国籍を有する者等が取得した農地（所有権・賃貸借権）は3728ヘクタールで、全体の77・9％を占めており、スリランカ籍の者は255ヘクタール（全体の5・3％）、マレーシア籍の者は220ヘクタール（全体の4・6％）を占めていた。

一つの県だけでこれだけの数値が挙がっているが、こうした現況にあることを政府は全国的に把握できているのだろうか。

「所有者は誰でもよい。農地として農業が営まれていれば……」というのがこれまでの政府（農水省）の考え方と私は見ているが、歯止めなく広がる外資の農地占有が将来の日本にとっていいわけはない。

残念なことだが、このようなことが国会で正面から質問され、議論されることはこれまでなかった。次章で述べる新法「重要土地等調査法」の制定の際（21年）にも、外資の農地占有の問題についてはスルーだった。

A県のようなショッキングな事例（４７８３ヘクタール）を把握せず、立法府は農水省発表（20年５月８日）の「農地の外資買収は全国でたかだか47ヘクタールにすぎない」を信じ込んでしまっていたのだろうか。

国土形成計画（国土形成計画法）を論ずるための国土審議会（国土管理専門委員会）においても、食料安全保障の議論は一部の委員からだけだ。これは、同計画がもともと安全保障を規定する計画制度として想定されていないからだ。かろうじて現行の国土形成計画では「食料の安全保障の観点を考慮しつつ、国土の管理構想は作成されている」（国交省幹部）としている。しかし、中身は乏しい。

（1）食料の安定供給と食料安全保障の確立

…我が国の食料安全保障に関する国民的議論を深め、食料の安定供給の確保に向けた取組を促す。…また、「世界の食料安全保障」への貢献を図る観点から、我が国からの海外農業投資を促進する。

（「国土形成計画（全国計画）」15年8月14日閣議決定）

これだけにすぎず、具体的な対策はない。

（森林・農地以外の地目）

森林・農地以外の地目の外資買収面積については、全くわからない。外資を区分した政府統計は存在していないからだ。

例えば、「ソーラー用地」の事業者、場所、面積は、資源エネルギー庁が公表しているが、その中で外資分を特定することは難しい。第一章末のコラムでも述べてきたように、外資の関与を秘匿する方法が複雑化しており、ますます摑みにくくなっているからだ。現行ルールでは追うにしても限界がある。

〈リゾートのホテル建物〉、〈ゴルフ場〉、〈スキー場〉も多数、外資によって買われているが、これらの面積も外資区分して集計されたものが見当たらない。

〈住宅地〉〈マンション〉なども同様で、全く外資区分はされていない。統計がそもそも存在しないので、外資所有者は一切不明ということになる。

結局、外資によってどれほど国土が買われたのか——。

我が国にはそういった区分による統計がなく、全貌はわからないのだ。

次の一手を打つべき際の基本は、現状の買収ファクト（事実）をまずは押さえることからはじめなければならないが、その現況が摑めていない。これが問題の根幹で、まずはここから始めるべきだろう。

外資買収がダメな三つの理由

外資による国土買収の問題点として、わかりやすくひも解くと、次の三つの問題がある。

一つは、これまでにも述べたが安全保障上の問題である。私たちの命に直接かかってくる。例えば、離島や原発、防衛施設の近くに外国の通信施設やヘリポートが計画されたり、設置されたりすると厄介だ。外交問題にまで発展するかもしれない。

買収された土地の具体的な使われ方として、次のものが想定される。

①無線の傍受・妨害
②レーダーの妨害
③監視・工作の拠点
④攻撃・待機・補給の拠点
⑤武器の隠匿場所
⑥ドローンの発進・制御拠点
⑦レーザー誘導兵器へのレーザー照射拠点

そういった土地利用が相手国側によってなされてしまうと、日本の自衛隊が自衛力を行使しようとしても、妨害工作などを行う様々な拠点になり得る。防衛戦術的にも、それらを前提にした限られた選択肢の中でしか対策が講じられなくなる。国境離島を買収された場合は、その所有権を盾に領海基点の破壊行為さえ行えるのである。

ウクライナの惨状に見るとおり、戦争がはじまるとどのような事態に陥っていくか、私たちはそれらを目の当たりにしているが、陣地に足場となる拠点をつくられると、みるみる領土は蹂躙《じゅうりん》されていく。

今日でき上がった再エネ拠点――ソーラー、陸上風力、洋上風力の場所は、そういった戦略的施設の拠点となり得るもので、軍事的利用へ発展していく可能性を秘めていると私は見ている。有事の際には、橋頭堡や前哨地となっていくことを懸念する。

本件に関しては、2020年、政府関係機関から内閣府を通じ、次の情報が首相官邸に報告されたことがある。

再生可能エネルギー発電事業者として中国系資本が何らかの形で買収に関与したとみられる土地が全国約1700カ所に上ることも判明。この中には防衛施設周辺などの安全保障上重要な土地も含まれ…。

（「産経新聞」20年11月8日）

日本全土を見ていくと、代表的な中国系メガソーラーと見られる企業がブロックごとに張り付いている。一例を挙げると、北海道はじめ全国に展開している「スカイソーラージャパン株式会社（現ブルースカイソーラー株式会社）」、「WWB株式会社」。東日本、関西、中国地方をカバーする「上海電力日本株式会社」。福岡を中心に西日本をカバーする「パワーマックス（現FKエナジー）」、「中利ソーラーホールディングス」などである。

それらの中国系企業は、上位5社で確認できただけでも、合計1000件以上の再エネ事業の認定を受けており、その中には、防衛上の要衝に当たる立地も交じっている。

二つ目は、経済・社会的なマイナス要因である。

国土が外資に占有されることにより、ガバナンス（統治力）への波及が考えられる。特に税金面では、税の徴収が難しくなる。「外国人所有地」→「所有者不明地」→「税金未払い」という流れである。

見込まれる手順はこうだ。

外国人が買収地を法人名義（ペーパーカンパニー）で購入→海外在住とし連絡不通にする→所有者不明の扱いになる

あるいは、

法人登記はそのままにして、他の外国人に転売→日本国内での報告はしない→所有者不明の扱いになるこれらは所得税、不動産取得税、登録免許税等のほか、固定資産税も免れさせてしまう。

こうなってしまう理由は、国税職員（国税庁）や徴税吏員（自治体）がもつ権限が国内限りであるからだ。海外での外国人→外国人への転売も、日本への報告は実態上ほぼ不要となる。海外での探索にはコストもかかるから、捜し出せなくなってしまう。

「不在者には納税管理人を置くから心配いらない」

という反論があるかもしれないが、納税管理人の設置は義務ではない。また、その納税管理人は税の支払い義務者でもない。ゆえに、この制度も実質機能しなくなっている。

国際的には租税条約等があるから大丈夫だという考えもある。確かに締結している相手は152か国・地域（23年4月1日）に増えたが、地方税の全てが相互行政支援の対象になっているわけではない。外国語を駆使できる徴税吏員も限られる。

結局、マイナンバーで縛られた日本人には矢のような督促を繰り返す税務当局だが、こと外国法人や外国人に対しては弱いことになる。徴収しやすい者から徴収すればよいということになれば、国内人ばかりが義務として納税を迫られる。これでは弱い者いじめだ。まじめに税を支払っている国内の正直者が馬鹿を見てしまう。こんなことがまかり通ってしまう社会にしてはいけない。

外資による国土買収の三つ目の問題点として「次世代がもつべき主導権を失う」という点がある。

外資に国土買収されると、中枢地を占有されることにより、中長期的には主役の座が変わってしまう。次世代にはこれがボディブローとして最も効いてくる。ちょうど、地主と小作の関係になり、次の世代が立ち上がれなくなるからだ。

戦後の農地改革は地主が日本人ばかりだったが、未来の地主は日本にはいないことになる。身を隠す不明者も多数交じる。鵺を相手にした土地改革などできないだろう。

現在、実際に買収された森林や農地の例を見てみると、必ずしもそこで経済活動が行われているわけではない。例えば2010年、NHKでも紹介された北海道砂川《すながわ》市の292ヘクタールなどは、外資（英国領ヴァージン諸島）に買収されて10年以上経つが、荒地のままだ。

21年の1年間で見た場合、売買届出書の買収目的欄に、「資産保有」又は「未定」又は「不明」と記入した者は、全国で全体の89％を占めていた（全国19件数中17件／林野庁22年）。将来のキャピタルゲインやマネーロンダリングを狙っての投資と私は見ている。

こうした買収傾向が続いていくなら、長期的にはその土地で国や自治体が公共目的で事業を行ったり、規制をかけようとしても、正体不明の相手だったら行政の力が十分に及ばなくなる可能性がある。

　違法な想定外の問題が起こったとしても、該当地の占有者が立ち入りを拒否し続けたなら、日本の法制度上、国や自治体が主導権を持って立ち入ることは難しい。ガバナンスが行きわたらなくなるおそれがある。具体的には、①災害復旧等公共事業の執行妨害　②ソーラー等再エネ機材放置　③谷埋め違法産廃投棄　などが懸念される。

　こうなってしまう理由は、我が国では土地所有者（あるいは土地所有者が帰属する国）が独占的かつ排他的な権利の主張（立入禁止等）をはじめると、土地所有者の私権が時には公権力よりも強くなることがあるためだ。

外資の正体――なぜ隠すのか？

日本国土を買収し続ける外資の目的は何か。これまでの私の研究をもとに推察すると、大きく三つに分かれるとみられる。

　一つは、富裕層グループによる資産隠しである。

　個人資産が国家（党本部）等に知られるのが怖くて隠す。手口は香港のペーパーカンパニーや各種ファンド、日本法人をダミーとしてかませる方法だ。前項で述べたとおり、買収後はすみやかに所有者不明となるよう海外で転売する。そうすることで資産を秘匿し、日本国内での各種の税を逃れる。日本の不動産は秘匿が容易で、かつ保有コストがかからなくできるので好都合というわけだ。

二つ目は、値上がりする物件を追って提灯《ちょうちん》買いする投資家たちだ。数としてはこれが多い。転売の回転も早く、3、4年以内。日本の不動産はグローバルな観点からは、数年先、十数年先のロングで持っても値上がりが有望とされているのかもしれない。新型コロナウイルス感染症の状況が落ち着いてきた今、再び値上がりがあると国内業者は期待している。円安も追い風だ。

最後に三つ目だが、これは今回の新法（第四章で詳述）に関連する。目立たぬよう防衛施設や米軍基地、原発等の周辺地や海岸部、国境離島の土地を取得し、監視や通信妨害等のための施設用地としていく可能性を探る者たちだ。

新法「重要土地等調査法」は、重要土地として指定された注視区域を対象に、所有者の国籍とは関係なく、その利用状況について国が調査するものだが、それは以上のような問題が起こり得る前に、未然に防止する効果を狙っている。

こうした土地買収について、外国政府による指示が背景にあるのかどうかの判断は難しい。しかし、これらの買収は仕込み中のものも含めると、全国で少なく見積もっても80か所は超えていると私は見ている。

優先的に取り組むべきは、目的不明の買収や取得者不明の外資買収に対し、すみやかに対策を講じることであろう。

誤解なきよう強調しておきたいが、私はすべての外資買収に反対論を唱えているものではない。

①　買収国の区分
②　国土のエリア区分

この二つが必要だと考えている。「はじめに」でも述べたように、外資を二つの勢力に区分した対応が必要である。欧米等の先進諸国（世界が認める法治国家）と、中国、ロシア、北朝鮮などである。中国、ロシア、北朝鮮はいずれも日本人が土地を取得できない国々だ。相手国で買えないのならば、その国の買収者に対して売るべきではない。つまり「相互主義」が必要である。

また日本列島内の国土についても、戦略的にエリア区分された別々の扱いが求められる。開発に際し、〈促進地域〉と〈抑制地域〉があるように、また〈都市地域〉と〈自然環境保全地域〉の取り扱いが異なるように、〈都心不動産のグローバル化〉と安全保障にかかわる〈重要国土、国境離島等での目的不明の買収〉〈農林地・水源地の買収〉を、同列に扱うことは適当ではない。規制にも濃淡があるべきで、立地特性ごとに区分された取り扱いが必要だ。

私たちが基軸にすべき考え方は、「はじめに」でも述べたように、「土地は国土であり、所有者が誰で、所有目的が何であるか、それが不明であってはならず、公共の福祉に適うべきもの」というものだ。

情勢の変化に見合った本格的な規制の導入について、考え続けなければならない。

呆れてはいけない――これが政府の公式見解

私の焦りをよそに、今の国会は天下泰平だ。

政府の悠長なスタンスを紹介したい。

衆議院予算委員会（第八分科会、20年2月25日）でのことで、この時点では、新法の「重要土地等調査法」（21年6月16日）は成立していない。

質問者は国交大臣の経験もある前原誠司《まえはらせいじ》衆議院議員（無所属、当時）だ。

「外資の買収攻勢によって、地元京都市内の住民たちが戸惑っている。古都のコミュニティが壊れかけている。何とかしたい」との問題意識で質問に立っている。各閣僚への質問は短く言うと、「外国人の土地取得規制の必要性について、各省はどう認識しているか」というものだ。

以下、政府の回答を列挙していくが、呆れてはいけない。

まずは防衛省（山本《やまもと》ともひろ副大臣）が答えた。

「防衛省としましては、…約650の防衛施設について、2017年度、平成29年度までに一巡目の調査を終えております。防衛施設周辺の継続的な状況把握の観点から、引き続き二巡目の調査を現在行っているところです。これまでの調査の結果、住所が外国に所在している、あるいは氏名から外国人と推察される方の土地が都内23区内において五筆確認をされていいます。ですが、現時点で、防衛施設周辺の土地の所有によって自衛隊の運用等に支障が起きているということは確認をされておりません」

次に経産省（牧原秀樹副大臣）である。

「経済産業省としては、今のところそうした規制というものは把握をしていないところでございます。他方で、原子力発電所の安全確保や核物質の防護につきましては、原子力規制委員会の所掌ではございますけれども、原子炉等規制法に基づいて必要な措置が講じられているものと承知しております」

続く農水省（伊東良孝副大臣）も悠然としたまま、危機意識は微塵《みじん》も感じられなかった。

「農林水産省におきましては、平成22年から毎年、外国資本による森林買収の状況について調査を行っているところであります。平成30年実績で30件の取引があったところでありますけれども、7割は私の地元である北海道であります。直近の調査によりますと、平成30年実績で30件の取引目的につきましては、資産保有、別荘用地等が多くなっているところでありまして、特に水源地を目的としている取引というのは確認をされていないところであります。また、農地につきましては相当厳しい規制がありまして、外国資本、外国企業が農地を取得することは基本的に困難と考えております」

前原誠司議員は、自ら用意した京都の買収事例を示しながら、最後に国交省に質した。

〈選挙区内の京都が、民泊や外国人向けの仕事をするための土地に売られてしまい、町内会や民生委員、保護司がいなくなっている。土地を買った外国人や法人は協力しなくなっている。外国人の土地保有規制を、まちづくり、コミュニティの維持という観点から国交省として考えられないか〉という主旨だ。

これに対する赤羽一嘉国交大臣の答弁は、「はじめに」でも掲げたとおり、かなりズッコケるものだった。

「前原さんの言わんとする問題意識が私もないわけではないんですが。京都なんかでいいますと、こうした弊害というのは感じられる方だというふうに想像するんですけれども、例えば、この前、G20の観光大臣会合を北海道のニセコでやりまして、ああした土地は、逆に言うと、外国資本が入ってこないと今の繁栄はなかったと思うんですよ」


以上が日本政府がもつ「外国人の土地取得規制の必要性」に対する公式見解の数々である。この国では、現況さえ正しく理解できておらず、外資を性善説で考えるばかりだ。それゆえ他国による土地占有がもたらす可能性、弊害について懸念を抱くことすらなく、その先に予測される事態についても、想像力も持ち合わせず、政府として何ら問題点を共有できていない。平和そのものなのである。

あまりにも楽観的なその姿勢と答弁に対し、呆れてしまうのは私だけか。

この後、本書の第二部で、全国の具体的な買収経緯と現況を紹介していくが、衆議院でのこの政府の各閣僚の見解が、少なくとも私が見てきた現場の状況とは相当乖離《かいり》していることがわかると思う。

二つの亡国

歴史を遡ると、日本国は元寇《げんこう》による対馬《つしま》・壱岐《いき》、太平洋戦争時の沖縄、北方領土を除けば、異民族の侵略によって国土（土地）を掠奪《りゃくだつ》された歴史を持たない。

でも、これから先はちがう。

飛行機や船で外から異邦人が大量に侵入してくる。合法的に侵入してくる。あるいは不幸にして国を離れなければならない民族が、大量に押し寄せてくる。

そうした事態に備えなければならない。

こうしている今も、ロンダリング目当ての者がカムフラージュしながら、外国籍の所有地を増やしているかもしれないし、まるでトロイの木馬のような使命をもった一団が全国に散らばり、採算性度外視で要衝を買い進めているかもしれない。

だというのに、為政者も役人も手を拱《こまね》き、現状追認と不作為をいつまでも繰り返していては、竹島、尖閣《せんかく》に続き、将来、北海道、新潟、大阪、福岡、長崎、そして琉球《りゅうきゅう》弧《こ》までもが様変わりしてしまうのではないか。現実問題として、日本という国は目に見えるかたちで危うさの度合いを増している。

亡国に至る二つのシナリオを次に掲げるが、これらの悲劇が未来の日本であっては欲しくない。

身売り型のスリランカ

一帯一路の拠点となる港湾を覇権国家へ差し出した国は数知れないが、一つのロールモデルがある。

スリランカという債務の罠に嵌《はま》った国の事例で、まさに借金のカタに母屋を盗《と》られたというものだ。

2010年以降、中国に傾斜したスリランカの前政権が、17年、港湾開発等の債務返済に行き詰まり、借金のカタにハンバントタ港の運営権（99年間）を中国へ渡してしまった。前章末コラムで紹介したハワイ王国が1887年、米国に真珠湾の独占使用権を明け渡したケースと同じだ。

スリランカの南部に位置するハンバントタ港は、海のシルクロードの中継地として要衝に当たるが、その運営権は今、中国国営企業（招商局港口）へ移っている。他にも中国系企業の主導で最大都市コロンボの沖合に人工島（経済特区）がつくられており、スリランカの債務は膨らみ、ついに2022年5月、同国はデフォルト（債務不履行）に陥っている。

経済的に厳しい国が借金のカタに国土や権益を明け渡したり、コストが安価だからと外資に託し、国益を手放してしまった事例は他にもある。84ページでも記したが、豪州のダーウィン港、ギリシャのピレウス港、イタリアのトリエステ港、ジェノバ港などである。

借金によって自由を奪われてしまう点では、高速道路建設に着手してしまったモンテネグロ（バルカン半島）も同じで、ほかにラオス、バングラデシュ、アフリカ諸国へのインフラ投資も程度の差こそあれ、同類であろう。インフラ開発支援と称しつつ、身動きできないほど借金漬けにして、国家を支配していく。

今後もスリランカのような債務の罠に嵌っていく国が続くだろう。日本も、これらに似た構造になっていくのではないか。

身売りという意味では同じで、日本はこま切れだが日本列島の各地を中国へ売却している。金の力で日本の国土を買うことに日本国内から批判はあるだろうが、当の中国は反論するどころか、涼しい顔をしてこう返すだろう。

「歴史的には、外国の土地（領土）であろうとも、お金で売買されています」

「私たちは何も強制していません」

「私たちのしていることは投資でありビジネスであって、法律を犯していません」

「私たちが買い上げることで、（日本の）皆さんは喜んで売ってらっしゃいますよ……」

移民割譲型のドネツク・ルガンスク

もう一つは、「はじめに」でも少しふれたドネツク・ルガンスク型だ。自国民を送り込んで実効支配を目論《もくろ》むという方式だ。この方式も戦争をすることなく、国家の帰属や領土の境界を変えていく。

かつての樺太がそうだった。

1855年、日ロ和親条約で樺太は日露雑居地として帰属が曖昧な土地とされ、それ以降、日ロは実効支配を競い合った。しかし、ロシア本国から大量のロシア人が送り込まれたことにより、数的優位は時間とともに、勢力の優位、実効支配へと進んでいった。少数派となった住民の発言力が弱まり、日本国民の関心も薄れていった。

やがて樺太放棄論が明治政府内で優勢になり、ついに20年後の1875年、樺太・千島交換条約により、樺太全島がロシア領になってしまう。自国領土を放棄してしまったのである。領土としての形態が薄まり、放置されていった土地がその後どう扱われていくか。歴史はそれを物語っている。

この「樺太」タイプに近い動きに今あるのが、ウクライナ東部のドネツク人民共和国とルガンスク人民共和国である。

ウクライナ東部のドンバス地方にある両地区は、ウクライナ屈指の重工業地帯で、ソ連時代にロシアから移住してくる住民が増えた。広さは、日本でいうと四国くらいだが、今や住民の多くはロシア系で、日常語はロシア語になっている。

強国に隣接する国はこうしたプロセスを十分警戒すべきだろう。

樺太の放棄は150年前のことで、私たちは一度学習していたはずなのだが、懲りていなかったのか。

北海道の国土買収にはその兆候があると私は見ているが、日本政府は、こうした目立ちにくいサイレントな攻勢に対し、何ら警戒感を持つことなく、現状追認を続け、平和時を前提とした無策に近い対応しかできていない。一国の防衛を考えるなら、国内法を強化すべきだろう。

拙著『日本はすでに侵略されている』（新潮新書）において、私はいずれ近いうち、北海道に「租界」や「租借地」が登場するかもしれないとの懸念を表明したが、今日見る世界動乱の情勢からすると、そんなまどろっこしい経過は踏まないかもしれない。

ある日突然、一足飛びに独立宣言をさせ、その後は、いざこざ・動乱→鎮圧目的のための母国軍派遣→駐留というプロセスがとられていくのだ。国際的には「人権問題だ。自国民の生命と財産を守るためだから、当然であって正当性がある」と発信しておけばよい。

やり方は少々強引かもしれないが、軍事戦争よりも批判は少ない。よけいな介入を目論む国は出てこず、各国からの雑音もかわせるだろう。

□コラム

移民兵器

「難民1000万人が日本海から押し寄せてきたらどうするか？」

東京財団に在籍していたとき、サロン的雰囲気の議論でそう問うたことがある。

当時、安全保障専門の研究員や国会議員経験者も複数いたが、そのときわかったことは、そのシミュレーションをどうやらどの機関も本格的にはしていないということだった。

長い日本海の海岸線をどうやって防御したらよいのだろうか？

2022年10月。フィンランドのマリン首相はロシアとの東部国境に沿ってフェンスを建設する計画案を表明した。ロシアが不法移民を送り込むかたちで政治的圧力をかけてくることを警戒したためだ。工事は2023年2月には着手され、以後、3、4年のうちに全長200㎞にわたって建設するという。

すでに22年9月末からフィンランドはロシア人旅行者の入国を禁止しているが、部分動員令がプーチン大統領によって発令されたため、徴兵を逃れるために直前週末だけで1万7000人（推定）のロシア人が、これは合法だが、フィンランドに入国したという。

第四章　ついに新法は成立したけれど

本章では新法「重要土地等調査法」について、その狙いと効果について述べる。防衛施設周辺の重要土地がなぜクローズアップされ、それらの利用状況を調べる法律が制定されることになったのか。

まずは、法律の制定内容から見ていこう。

新法「重要土地等調査法」とは？

2021年6月16日。新法「重要土地等調査法（重要施設周辺及び国境離島等における土地等の利用状況の調査及び利用の規制等に関する法律）」は、通常国会の最終日の未明（午前2時28分）に、ついに成立した。

立憲民主党と共産党が猛反発し、与党と国民民主党、日本維新の会などが押し切ったかっこうだ。

反対したのは、野党ばかりではない。多数のメディア（ネットを含む）が反対または批判的だったように私には思えた。

一方で、新法の実効性や軽量ぶりを危ぶむ人たちも私の周りにはいた。国土買収を懸念する人たちにとって新法は物足りないのだ。

「骨抜きだ」

「実質的に何の縛りにもなっていない」

理由は二つだ。

①新法による規制区域が限定的でエリアが狭いこと。ここ十数年で、最も多く買収された森林・農地が直接の調査区域に入っていない。

②規制レベルの低さ。新法による規制は、限られたエリアの土地利用について、国が調査するにとどめ、所有規制や強制的な立入調査、土地収用にまで踏み込んでいない。

そんな弱めの規制法だというのに、慎重派の声は当時も今も収まらない。

慎重派の主張は後ほど詳述するとして、まずは成立した新法の中身について概説しておこう。

重要土地等調査法は、安全保障上、重要な施設周辺や国境離島の土地を調査し、利用を規制する法律である。

対象となる区域（注視区域）は国境離島のほか、自衛隊拠点・米軍基地・原子力発電所・国際海底ケーブルの陸揚げ局・軍民両用空港などの周辺だ。調査対象となる土地の所有者の国籍は関係ない。国内外無差別とし、外国人の所有地のみならず、日本人が所有する土地についても利用状況のチェックが行われる。調査に対する虚偽の報告や無届等には罰則（2年以下の懲役、200万円以下の罰金）が科されるというものだ。

特に重要性が高い施設（特定重要施設）の周辺は「特別注視区域」とされ、その土地取引に際しては、〈事前届出〉が義務付けされた（第13条）。

安全保障なのに自治体が先行

この「特別注視区域」における〈事前届出〉の義務付けだが、私にとって新鮮味はない。なぜなら、国の法律より先に外資を警戒した自治体の方で、この土地取引に際する〈事前届出〉を義務付けしていたからだ。

民主党政権時代の11年、民主党「外国人による土地取得に関するプロジェクトチーム」において、本テーマにかかる制度検討をはじめていたが、なかなか進まず、12年にはまず北海道で道条例が成立していた。国が法律を作らないから、各自治体が先に条例で規制したというわけだ。

本来、安全保障は国がやるべき範疇《はんちゅう》だが、外資の土地買収への懸念を払拭するため、条例によって〈事前届出〉を課す「上乗せ条例」を制定した自治体がいくつも続いた。その数は20道府県（12年〜現在）に及ぶ。

北海道、埼玉県、群馬県、茨城県、山梨県、山形県、長野県、岐阜県、富山県、石川県、福井県、新潟県、徳島県、秋田県、滋賀県、宮崎県、三重県、京都府、静岡県、栃木県（制定順）である（図4－1）。

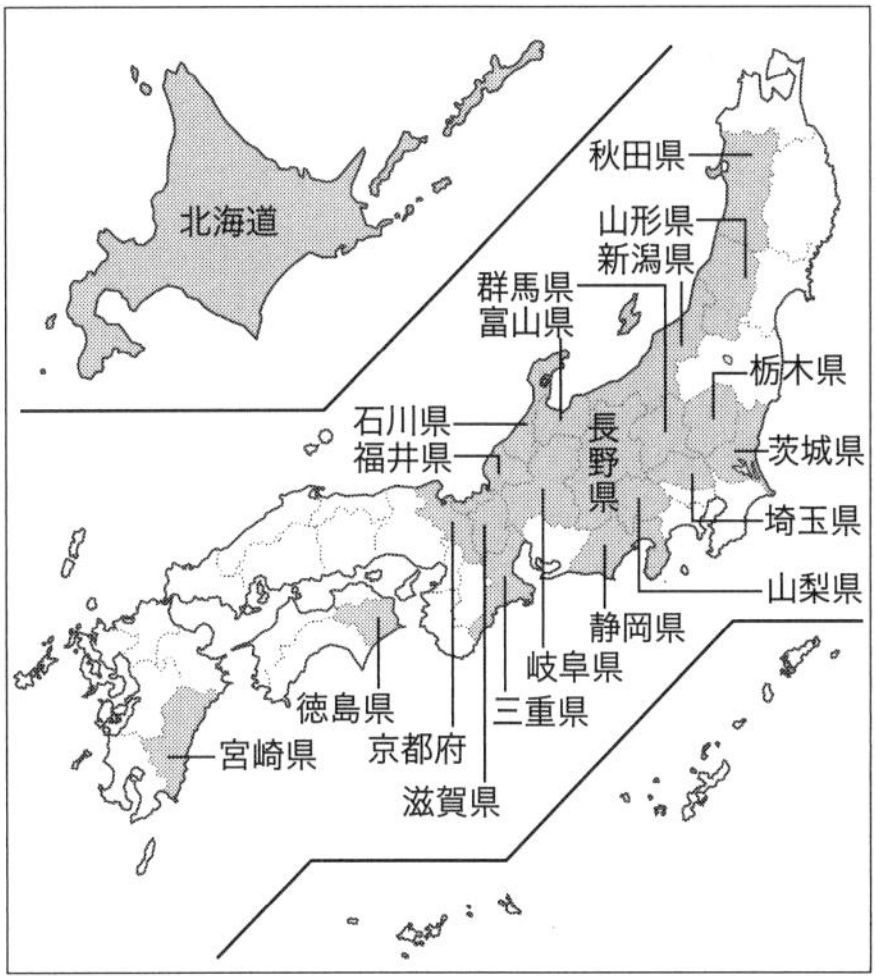

図4-1　水源地買取規制条例が国より先に20道県で制定済み

これらの条例は主として森林という水源地を守るためで、監視が必要な区域を自治体が定め、土地売買に際し、

〈事前届出〉を義務付けさせている。国が安保的観点から法律によってやるべき対策を、これだけの数の自治体が条例によって課す体系となっている。

ちなみに、事後届出では効果がないことは、国土利用計画法第23条（大面積土地取引の事後届出義務）が守られていないという実態が証明している。

新法の問題点

ようやく成立した新法だが、期待される効果と影響はどうか。

このテーマを長年ウォッチしてきた私からすれば、163ページの①②で掲げた問題点と不足感がある。その二つの観点について見ていきたい。


新法は、買収が進む土地の利用について安全保障という新しい観点からチェックを加えようとするものだが、実際その指定範囲をみると、軍備等にかかわる狭い範囲しか調査しない。

また市街地（DID地区＝人口集中地区）は「特別注視区域」から除くとしている。

現時点（23年3月）で、北海道から九州まで、全国ですでに58か所が指定されており、25年頃までに600か所を指定する計画だ。

新法が規制するエリア「注視区域」の面的な広がりは、防衛施設等から概ね1㎞以内に限られる。その区域内では、安全保障の観点から重要施設周辺や国境離島の機能阻害を防止するため、調査と規制が行われるが、いかんせん狭い。

米国の場合、対米外国投資委員会（CFIUS＝Committee on Foreign Investment in the U.S.）は、審査対象となる軍・政府施設の周辺については最大100マイル、つまり約160㎞の規制区域をとっている。この指定エリアの広さの考え方として日米の彼我の差は大きく、新法の調査対象区域はいわば薄皮一枚のエリアにとどまっている。

それもあって、日本の防衛関係者は頭をかかえている。

第一部第一章でも述べたが、防衛省・自衛隊は22年4月、風力発電の存在が自衛隊レーダーの攪乱《かくらん》要因になり得るとの見解を発表し、風力発電の設置計画について、事前の相談をさせてほしいとのお願いを出している。後手にまわった感があるが、陸上、洋上のいずれの場合も、あまりにも無防備な風車（風力発電施設）の乱立に対し、ドローン規制の場合と同じく、日米合同委員会（日本の高級官僚と在日米軍の幹部によって定期的に行われている会議）において、米軍サイドから政府メンバーに対して提案がなされた可能性がある。

現在、全国の防衛施設のない半島部や岬、海岸部一帯などが、新たに風力やバイオマスの再生エネルギー開発の名目で買い進められているが、こういった買収は、新法の網には引っかからない。

また、森林、農地が規制対象になっていないことも、今後の課題として残る。つまり、第一部第一章と第二章でレポートしたような買収事例には規制がかからない。ここ十数年来、ソーラー用地やリゾート用地の名目で、目的不明のまま最も大量に買収されたのは森林、農地、雑種地なのだが、新法はこれらの地目が「大きな意味では含まれるものの、（第一義的な）対象にはしない」（小此木《おこのぎ》八郎《はちろう》領土問題担当大臣［当時］、衆議院予算委員会、21年2月10日）としている。

そもそも現行法制の森林法、農地法には、海外からの買収を想定した安保上の視点はなく、各種許認可の際にそういった観点からの審査は行っていない。外為法による中止勧告の適用も、農林水産業に関しては70年間で1件もないという状況だ。

広大な森林資源が抱える水資源や豊かな農地が育《はぐく》む食料資源は、安全保障に直結する資源としてのニーズを高めてきているため、何らかの規制を加えていく必要があるだろう。

もう一つの論点――規制内容についても十分とはいい難い。新法は土地売買そのものの規制せず、調査に基づく利用規制（勧告・命令）だけだ。

自衛隊基地や原発などの周辺の「特別注視区域」については、土地売買の事前届出が義務付けされるほか、利用面の調査に対する虚偽の報告や無届等には罰則も用意される。しかし、

「特別注視区域」であろうと、売買は自由である。

新法は、各省庁と自治体がもつ所有権情報等を一元的に内閣府内の組織が管理することにしているが、それらの運用は、実務面では容易ではない。実務上、登記簿と固定資産台帳等が拠《よ》り所となるが、そもそも日本の登記は任意であるし、所有者情報も更新されているとは限らない。国への報告を求めても、土地所有者（個人・法人）が外国に所在したり、雲隠れしてしまったケースでは苦慮するだろう。

結局、列島全土に及ぶ静かなる侵蝕《しんしょく》に対応することは、本法のみでは限界があろう。

とはいうものの、今回の新法制定は事実上の外資土地規制の第一歩である。その規制方法や規制のレベルが十分ではないとはいえ、新法が果たす意義は、牽制《けんせい》効果として大きく、次なる規制を考えるための足掛かりになる。

まずは現況を調査し、実態を押さえることからはじめるというのは手順として正しいと考える。新法をテコに、国土の不明化、無秩序な外資化を監視していく体制を着実に整えていかなければならない。

新法に反対する理由

こうしている今も、国土買収の動きは水面下の動きも含めると、全国で依然止《や》むことなく続いている。

中華圏最大級の日本不動産の物件検索サイト「神居秒算」などでは、住宅や空き家、遊休地をリモート販売する動きも好評だ。一棟買いも普通に出ているし、人民日報も定期的にカラーの全面広告を載せている。

離島不動産専門の販売サイトもあって、数十の離島が美しい海の写真とともにアップされている。日本の土地はまだまだ人気のようだ。

そういった現下の情勢だから、私は新法の規制は当然必要だろうと考えていた。ところが、社会全体の反応は必ずしもそうではなかった。


「外国資本が自衛隊施設周辺の土地を購入したことによって何らかの問題が起きたという事実はこれまでに明らかになっていない。法律制定の根拠はしっかり議論を」

（21年3月30日ＮＨＫ「解説委員室」田中泰臣《たなかやすおみ》解説委員）

「最大の懸念は、調査が際限なく広がる恐れがあることだ。…国会のチェックは及ばず、政府のさじ加減ひとつでいかようにもなる」

（「朝日新聞」21年4月3日）

「妨害工作を防ぐ安全保障上の目的というが、私権を侵害し、正当な経済活動も制限しかねない危うさがある」

（「東京新聞」21年4月7日）

新法の施行、運用に慎重な人たちは一定数、いや相当数存在し、その主張は一貫していて、法律制定以前からブレていなかった。

新法は本来、安全保障上の観点から不安視されたゆえ制定されたもので、実質的には「外資買収規制」の役割をもつ。だが、この法律について、いつのまにか「内国民の私権制限」や「人権侵害や個人情報の保護」に直結する国民行動規制法であることを論点とする声が大きくなっていった。中には「新法は治安維持法と同じ効力を持つ」と主張する人までいる。

新法導入に反対してきた人たちは、「所有の実態を知られたくない」「調査によって利用の実態を暴かれたくない」という土地所有者たちを慮《おもんぱか》っているのか、それとも、その考え方を受け、忖度しているのかと疑いたくもなってしまう。

□コラム

道標なき規制緩和――ニュージーランドの中国農場

国学院大学の横山実名《よこやまみのる》誉教授が2018年、現地で見た話だ。

写真4-1　ニュージーランドのオークランド郊外の農場（2018年2月25日、国学院大学横山実氏撮影）

ニュージーランド。オークランド郊外に農場がある。野菜畑で草取りを黙々とこなす労働者がいる。アフリカの人たちだ。農場や牧場の経営者、所有者は中国人である。ニュージーランドの国土を使って、中国人が事業を営み、アフリカ人がそこで雇用されている（写真4－1）。

領主と使用人、地主と小作、網元と漁師。そういった支配的、隷属的な関係が、働き手たちの祖国から遠く離れた国で始められている。そこで生み出された農産物、乳製品、畜産物は、中国本国へ運ばれていく。生産物ばかりでなく、そこで得られた利潤（果実）もまた、中国へ吸い上げられていくという構図だ。

グローバル化された国土のすがたの一つで、移民が増え、社会基盤の多くを支えていくようになると、多かれ少なかれ各国でこういうすがたが見られるようになるだろう。

翻って現下の日本。

過疎は都会でも駅から少し離れれば当たり前になってきた。移住者（移民）は増え、21世紀末には1000万人どころか、2000~3000万人以上がこの日本列島に住み着くことになるという推計もある。あと80年経つと、この日本列島はどんなすがたに変貌しているか。売り物の土地は多くなるものの、日本の買収者は現れず、お金をもつ外国人（中国人）が買っていくという流れが定着するだろう。

とりわけ農地は、全地目の中で唯一、売買規制がある地目だったが、過去20年来の政府の「何でも規制緩和」との号令の下、農地売買も緩め続けた。結果、2016年からは企業参入の制限が実質上、自由となり、誰でも買えるようになった。

類似の規制緩和がここ10年で仕上げられてきた（いずれも施行年）。

16年　農地法改正…法人による農地所有の要件緩和
18年　種子法廃止等…公共種子の廃止、公共種子データの開放
19年　水道法改正…民間企業に上水道の運営権付与
19年　森林経営管理法制定…民有林に大面積管理権を設定・公募
20年　国有林野管理経営法改正…国有林の大面積伐採権の販売
20年　漁業法改正…漁協が持つ優先的漁業権の廃止、企業参入の促進

22年　種苗法改正…自家増殖禁止の種苗を拡大

21年6月、政府規制改革推進会議（河野太郎規制改革担当大臣）は、さらなる農業への民間企業参入（外資含む）を促進するため、22年中に法改正を国会へ提出することを閣議決定したが、22年春の自民党総合農政調査会、農林部会からの巻き返しによって、規制緩和措置のスケジュールは延期された。外資や在留外国人による農地の占有現場の買収状況（茨城県、愛媛県等）を検証できたことが大きい。

永田町《ながたちょう》の見識はまだ残っていたかと胸をなでおろしていたが、どっこい規制改革派は黙っておらず、22年末に巻き返し、23年の通常国会で全国一律の「国家戦略特区」（国家戦略特別区域法）ではなく、「構造改革特区」（構造改革特別区域法）の改正によって、農地買収のさらなる規制緩和を実現する見込みだ。市町村を介し、首長と議長がハンコを押せば、どの農地も外資は買えるようになる。

今の日本は、高値で買い取るバイヤーが出てきたなら、売りたい農家はごまんといる。老齢化していく農業者の子世代の多くは農地売却を躊躇《ちゅうちょ》しなくなった。もはや一地主の良心だけで、国土を守ることは相当厳しくなっている。

おそらく新たな企業参入と転売を続ける大口プレイヤーたちは海外系資本（合同会社、ファンドを含む）で、これからは買収が加速するだろう。この国はどこまでいっても改革といえば規制緩和しか能がなく、先のことを考えて種まきができないのだ。

心配なのは、ソーラー発電のケースと同様、真の所有者（事業主体）が不明となることだ。日本の農地が匿名投資家たちに大人気となり、グローバルファンドによる草刈り場になっていくことを私は懸念する。当然、その中には、ロンダリング目的のマネーも含まれる。

そうなると信じたくはないが、近い将来、ニュージーランドで見てきたような中国農場が日本列島でも現れるだろう。特に優良農地が狙われ、変貌していくだろう。

第五章　世界標準からほど遠い日本の外資規制

国境を越えた経済活動、グローバル化が当たり前になった今、国家や国益といった概念が変質してきている。各国政府は安全保障面で難しい舵取りを求められている。外国人による自国の国土買収という問題に対し、海外ではどのように対応しているのか？本章では各国との比較を通じ、日本の特異性をあぶり出してみたい。前著『領土消失』と一部重複するが、重要なポイントなのでご容赦いただきたい。

世界標準の土地売買規制

（アジア・オセアニア）

そもそも中国、フィリピン、インドネシアなどでは原則として外国人・外国法人の土地所有は認められていない。

中国の土地所有権は国家・農民集団に帰属しているから、外国企業の土地所有は認められない。外国企業の現地法人が可能なのは、土地使用権を得ることだけだが、これも国の審査が必要だ。

フィリピンは1987年憲法により、原則不可となった。期限付きで土地使用権（リース権）などを得るだけだ。インドネシアも同じく、外国人・外国法人の土地所有は原則不可で、外国法人は開発権、建設権を得た特定の土地で期限付きで操業する場合に限り、認められる。

タイも外国人・外国法人の土地所有は原則不可だ。外資比率が一定率以下であれば、政府審査の上、取得することは可能である。インドも同じく、外国人・外国法人の土地所有は原則不可で、一定の条件下で外国企業の現地法人による土地取得は可能となっている。

シンガポールは許可制だ。法務大臣から許可を受けていない外国人・外国法人の土地所有は不可である。韓国は一定区域が許可制になっている。外国人土地法、軍事基地及び軍事施設保護法等に基づき、軍事目的上必要な島嶼《とうしょ》部の海岸部等では、許可申請や届出が必要だ。

マレーシアは条件付きで可能である。外国法人が商業物件・工業用地・農業用地を取得しようとするときには、現地法人の設立と州当局への登記が必要である。

豪州は、外国人・外国法人による土地（一定額以上の農地、商業地、居住地等）の所有には、原則として政府（外国投資審査委員会：ＦＩＲＢ）の承認を必要としている。

ニュージーランドは、外国人（個人・法人）による5ヘクタール以上の土地所有に許可が必要で、島、自然保護地等の場合だと0・4ヘクタール以上で許可が必要だ。林地（人工林）は政府の事前認可がなければ外国人は所有できず、1000ヘクタール以上の伐採権も政府の事前認可を必要とする。農地には国内人に購入優先権がある。

（欧州）

デンマークは、国内居住期間が5年未満のEU域外の外国人と、設置5年未満のEU域外に本社を持つ企業は、土地所有に際し、法務省の承認が必要としている。

オーストリアでは外国人・外国法人の土地所有について、「外国人による土地所有に関する法律」（州法）に基づく承認が必要としている（EU市民はオーストリア国民と同等に扱われる）。

スイスは、各国のこうした取扱いの中で最も厳密かもしれない。コラー法（連邦法）があり、第1条で「この法律は、わが国の土地の過剰外国化（Überfremdung）を阻止するために、外国人による土地の取得を規制するものである」と明記している。無許可の取引は無効で登記不可であり、届出違反の土地は没収される。外国人の別荘取得には制限があり、全国で1500件の枠しか認められておらず、別荘の取得には州政府の許可が必要である。商業用の土地（小売り、ホテル、工場等）であっても許可不要の確認がなければならず、外国の不動産会社が住居の賃貸目的で不動産を取得することは禁じられている。

フランスは公的機関の土地収用権が強い国であり、近年は公的機関による先買権が強化されるなど、個人の所有権は後退している。外国人・外国法人などの非居住者による1500万ユーロ以上の土地所有は届出が必要である。

一方、イギリスの場合、土地所有権は日本のような絶対的なものとは性格を異にする。土地の最終処分権は、原則として政府（または王室）に帰属する。土地所有者は保有権を持つのみだ。2021年4月に成立した英国国家安全保障投資法（NSI法）により、外国人・外国法人の国内投資について、17の戦略分野（機微産業）ごとに事前届出を義務付けた。さらに安全保障上の疑念があれば、全ての土地取引について審査し、売買契約の無効化ができるとしている。

ドイツは外国人・外国法人の土地所有に特段の制限はない。しかし同国のワイマール憲法（1919年）は、土地所有の「原則不自由」を規定しており、土地所有権は義務を伴うという前提がある。このため土地の利用については公共の福祉に役立てることが必須となり、都市計画のAプランやBプランに基づく土地利用規制は、日本の法律とは比較にならないほど厳格である。

（米国）

アメリカの土地所有権は原則として政府による優越領有権等、強力な政府権原の下に位置づけられており、州ごとに見ていくと、全米の4割の州で州法による外国人の土地取得規制がなされている。

例えば、ニューメキシコ、カンザス、ミネソタでは帰化資格のない外国人の土地取得を禁じているし、アイオワ、ウィスコンシン、ワイオミングなどでは、非居住外国人に対する土地取得制限、ジョージア、メリーランドは敵対外国人に対する制限をかけている。ヴァージニアは相互主義を採っている。

ハワイ、ネブラスカでは、州内（または合衆国内）に居住していない外国人の土地所有を制限している。不在地主と地元在住地主で差をつけているのだ。

オクラホマ、フロリダ、ワイオミングでは、州外に居住する非アメリカ人の土地購入を制限しており、ミシシッピでは5エーカー以上の住宅地や320エーカー以上の工業開発目的での土地購入が不可である。

2020年2月、米国は外国投資リスク審査現代化法（FIRRMA）を改正し、この分野の規制強化を果たしている。同法の審査対象に不動産投資を加えたというもので、軍事・安全保障関連施設周辺地、大規模ハブ空港、戦略的港湾等に対する海外からの不動産投資について、対米外国投資委員会（CFIUS）が審査することとした。

当該投資の脅威・脆弱性・影響等のリスク評価を行い、追加審査、変更命令を出すが、懸念が解消されない場合は、大統領がCFIUSの勧告を踏まえ、取引の停止・禁止命令を出

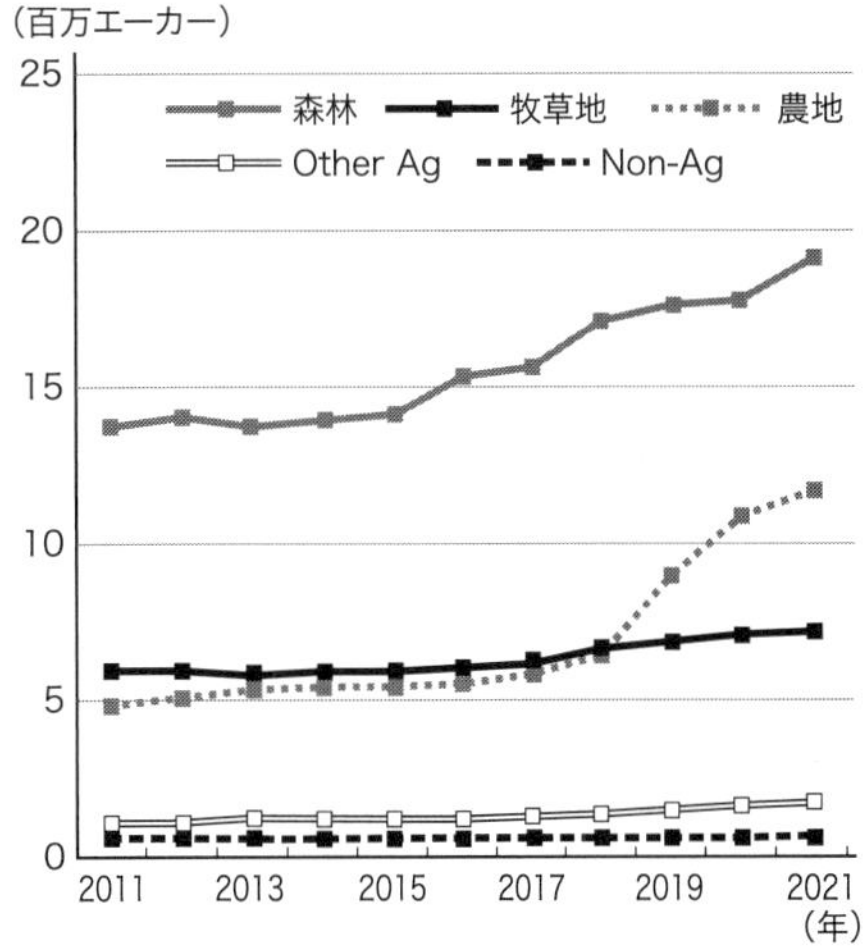

図5-1　2011～2021年、外資による全米農林地の買収面積の推移（出典　米国農務省USDA）

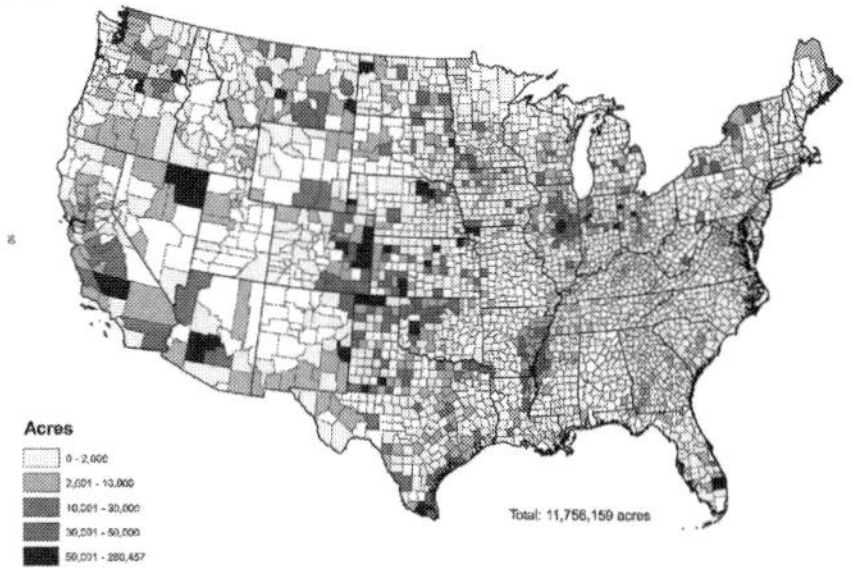

図5-2　外資による地域別の農地買収面積。ここまで細かく把握している（出典　米国農務省USDA2021年）

す。制限がかかる対象面積は広く、安全保障上、重要な施設――軍・政府施設から、最大約160㎞以内にある不動産の取引が審査の対象となる

と同時に、アメリカは外資買収の実態把握と開示を続けている。農務省（USDA）は連年、国別、地域（county）別、地目別（森林、農地、牧草地、その他の農用地、非農地）の外資買収面積を地図とグラフによってわかりやすく公表している（図5－1）（図5－2）。

（島嶼国）

小さな島嶼国家の場合、外国人・外国法人の土地所有に対しては、特に厳しい。例えば、我が国の南隣の太平洋には、14の島嶼国（パラオ、ミクロネシア連邦、マーシャル諸島、ナウル、キリバス、パプアニューギニア、ソロモン諸島、バヌアツ、フィジー、トンガ、サモア、ツバル、クック諸島、ニウエ）がある。

本分野に詳しい東裕《ひがしゆたか》日大法学部教授によると、これらの国の土地は、そのほとんどが自由な売買ができない慣習地（伝統的な先住民による「総有」という形態での所有地）で、しかも多くの国では外国人に対する売買が憲法で禁止されているという。植民地経験のあるこれら島嶼国は、その小さな国土が外国人の手に渡らない仕組みをもっている。

これらの国々では、土地は、経済的価値で計られる単なる「モノ」ではなく、伝統的な生

活と文化の基盤であると考えられている。我が国も、かつてはこれに似た土地の観念があったが、このところは薄れてしまっている。

比較的よく知られているパラオの場合、国土面積は488㎢で、人口は1万8092人（2022年）。国土も人口もきわめて小さなマイクロ・ステートの一つだ。香川県の4分の1ほどで、さらにこれよりも小さい国が、五つもある。

ニウエ（259㎢）、クック諸島（237㎢）、マーシャル諸島（180㎢）、ツバル（26㎢）、ナウル（21㎢）である。もし、こうした小国で自由に土地の売買ができれば、またたく間に国ごとそっくり外資に買われてしまいかねない。だからこそ、国民は確たる考え方と国家による規制をもって、防御しているのである。

世界標準で見ていくと、島嶼国（特に小国）ではルールを備えて規制し、監視している。それによって他国からの国土買収を防ぎ、国土を保全している。国家として「買われてしまうと国益を損なうモノ」や「買い戻せないモノ」は売ってはならないという視点が徹底されている。

特にここ数年は、中国の一帯一路による進出に対抗し、太平洋周辺諸国——アメリカ、豪州、ニュージーランド、韓国は、自国の国土に対する外資投資の規制強化や禁止など、警戒アラームを作動させている。欧州の英国、フランス、ドイツも警戒のレベルを上げている。

国境・海岸部の土地売買規制

以上のほか、外国人・外国法人の土地所有については、「国境」や「海岸部」に、特別な外国人規制を設けている国もある。

（国境）

中南米では、国境付近の土地について、ゾーン幅を示し、外国人による土地所有に制限を課している。外国人による森林、水、鉱物等の資源採取を警戒し、具体的な制限を課している。

例えば、コスタリカは国境から２km以内、チリとパナマは10km以内、ペルーは50km以内、メキシコは１００km以内が制限対象だ。

（海岸部）

海岸部でも同様の制限が課されている。

満潮時海岸線から一定距離の外国人による土地所有を規制しており、コスタリカは２００

m、チリは5km、メキシコは50kmが所有禁止である。

ブラジルはそもそも国内に居住していない外国人や外国企業による土地所有を禁止している。国内に居住する外国人や外国企業が国内に設立した企業等でも、国境地域や国家安全保障上の重要地域の所有には、国家防衛審議会の承認が必要としている。

ベネズエラは、国境付近と海岸部の外国人の土地所有について、許可制としている。

ここ1、2年は、二つの隣国、ロシアと中国の動きが慌ただしい。両国とも国境地帯の規制強化の動きが目立つ。

ロシアは20年、憲法を改正し、「領土の割譲禁止」を明記した。これを受けて領土の割譲に向けた行為やその呼びかけをテロや人種間の憎悪の扇動と同列に位置付ける法改正を行った。領土保全の違反行為を過激主義とみなし、禁錮《きんこ》6〜10年を科すなどの罰則を含むものだ。

当時、クリミア半島の返還を求めていたウクライナや欧州に対抗する姿勢を示し、プーチン政権が求心力を高めるためだったといわれている。北方領土の国後島《くなしりとう》に住むロシア人が記念碑を建てた行為も、こうした条項に関連すると見られている。

領土というものに対して、いかにロシアは執着し、その拡張のために死力を尽くすか。それは現在のウクライナへの侵略が如実に語っている。

中国も21年、国境付近の管理強化に乗り出している。「陸地国境法」を制定し、陸上国境の中国側で交通、通信、監視、防衛のためのインフラ設備を建設できるとしている。「国境付近」で無許可のドローンを飛ばすことを禁止したほか、国境付近でいかなる組織・個人も恒久的な建築物を許可なく建設してはならないとも定めている。違反すれば、原状回復を命じ、罰金を科すというもので、インドとの国境地帯での実効支配を強め、相手国を牽制する狙いがあると報じられている。

世界トレンドに逆行する日本

各国事例を見て分かることは、ほぼすべての国で、外国人・外国法人に占有されない工夫がされていることだ。国境と国土を守るための何らかの規則をもっている。

唯一の例外が日本で、ほぼ無条件・無限定で国土を開放している。「不動産投資に外資規制が『皆無』なのは、日本だけである」

今から10年以上も前、そう結論づけたのは、「アジア太平洋不動産投資ガイド２０１１」（ロンドン大学ＬＳＥ ＧＲＥＧ）という報告書だ。外資からの投資はこれ以降、日本へなだれ込んだ。

二つのハードルを越えよ——新しい外資規制が急務

それにしてもなぜ、日本では抜本的な規制措置が講じられないのか。

第一部第四章で見てきたとおり、この15年で講じることができた土地規制の対策は、売買規制に至らない「重要土地等調査法」と、まだまだ不十分な「経済安全保障推進法」の制定でしかない。

がんじがらめで動けないというなら、この国のどこに欠陥があるというのか。

以下、外資規制を阻む二つのハードルを越えるための処方を考えたい。

〈WTO条約を越える〉

まず動けなかった理由の一番目として、国内法より上位にあるとされる国際約束という法令上の問題がある。

遡ること30年——。

1994年、日本は160を超える国々と地域を相手に条約（GATS＝世界貿易機関〈WTO〉サービスの貿易に関する一般協定）を締結し、ここで「外国人等による土地取引」について、貿易規制上の例外扱いとせず、国籍を理由とした差別的な規制をやめ、自由な取引とすることを認めている。[1] その際、留保条件を記載しておらず、このため法的に日本の不動産

国	外国人所有の可否		GATS約束表における土地取得の留保の有無
アメリカ	△	4割の州で州法による外国人の土地取得規制がある。2020年の外国投資リスク審査現代化法（FIRRMA）の改正により軍事施設周辺、空港、港湾等の買収について、対米外国投資委員会CIFIUSが審査を強化	○
イギリス	△	土地の最終処分権は政府（または王室）に帰属。土地所有者は保有権を持つのみ。2021年の英国国家安全保障投資法（NSI法）により17分野の特定取引は政府への事前届出を義務化。これ以外の土地取引も国家安全保障上の脅威となるおそれがある場合は政府が審査	×
フランス	△	公的機関による先買権が強化されるなど、個人の所有権は後退。公的機関の土地収用権も強い。非居住者による150万ユーロ以上の土地所有は届け出が必要	×
ドイツ	○	ワイマール憲法（1919年）で土地所有の「原則不自由」を規定。土地所有権は義務を伴い、土地の利用は公共の福祉に役立てることが必須。土地の利用規制は厳格	○
日本	◎	制限なし	×

×…不可　△…条件つきで可能　○…可能　◎…制限なく可能

取引は国際的には「完全フリー」とされたままだ。このあたりの緩さは本章で見てきたとおりだ。

このルールを変えようとすると、30近い条約を改正しなくてはならず、また各国との個別交渉では、見返りとして追加的な自由化項目や多額の補償金を求められる。このプロセスには気が遠くなるような作業が必要となり、これを覆すエネルギーと調整が必要でそれは大変だと霞《かすみ》が関《せき》（外務省等）から刷り込まれていた。

私の理解では、「日本はすでに国際的な約束をしてしまった」「外国人のみを対象に土地所有の規制をするのは無理」「面倒な新法創設の手

国	外国人所有の可否		GATS約束表における土地取得の留保の有無
中国	×	土地所有権は原則、国家・農民集団に帰属。外国企業の土地所有は認めない。外国法人の現地法人が、国の審査を受けたうえで土地使用権を得ることは可能	○
フィリピン	×	外国人・外国法人の土地所有は1987年から原則不可。外国人投資家が土地使用権を期限付きでリースすることは可能	○
タイ	△	外国人・外国法人の土地所有は原則不可。外資比率が一定以下であれば、政府審査の上、取得可能	○
インド	△	外国人・外国法人の土地所有は原則不可。一定の条件下で外国企業の現地法人による土地取得は可能	×
韓国	△	外国人土地法、軍事施設保護法等に基づき、島嶼部等では、申告または許可申請が必要	○
オーストリア	△	各州政府の「外国人による土地所有に関する法律」の承認が必要。EU市民はオーストリア国民と同等に扱われる	○

図5-3　外資による土地購入に対する法規制は日本が最も緩い

間を厭《いと》う霞が関（外務省等）の拒否理由が盤石で、それを崩す理屈も腕力もないから不可能」という八方ふさがりの状況というものだった。外務省GATS室長OBがいう「手間がかかって面倒だ」という言葉を鵜《う》呑《の》みにしていた。

　しかし必ずしもそのことは正しくはなかった（図5－3）。

　23年1月の国会（衆議院予算委員会）で北神圭朗《きたがみけいろう》衆議院議員（有志の会）はこう発言（要旨）した。

「フランスもイギリスもWTOにおいて、土地取引については何の留保もつけていない。だけど、フランスでは大統領の政令により、『水源の保全、安全性、調達』『食料安全保障に関わる農産品の生産、加工、流通』関連の土地取引は、事前認可制になる。イギリスは、防衛施設など17の戦略分野については届出が義務付けされ、また政府は全ての土地を対象として、安全保障上疑念があったら、所有者を呼び出し、調査をして契約を破棄させたり、または無効にしてしまうという権限がある」

面倒で骨の折れる法改正をやりたくない外務省等関係省庁が、意図的に曲げて解釈した情報を議員たちにレクしていた可能性が高い。

改めて今、私が「急がないといけない」と強調したくなったのは、同議員の次の指摘が正鵠《せいこく》を射ていたからだ。

「2018年頃から、欧米、ニュージーランド、オーストラリアというのは、農地だけじゃなく土地全般に対して外資規制というのを強化しつつあります。これは何でかと一言で言うと、中国なんですよ。…中国というのは、企業はそれぞれあるけれども、その背後には中国共産党とか人民解放軍というのが透けて見え隠れするからですよ。それで、各国がそういう危機感を持っているということです」

「各国はもう既に、今申し上げたとおり、ばらばらに規制を強化していますよ。そういう、どんどん規制を周りで固められたら、行き場のない外国資本はどうなりますか。一番規制の甘い我が国に殺到しますよ。そういう可能性がある」
（23年1月31日、衆議院予算委員会、北神圭朗）

私たちは国際情勢でいう先進国での当たり前の話や、自由主義諸国共通の危機感を忘れ、いまだに規制緩和だけを信じ続けているが、国家の安全保障を置き去りにしないでほしい。今、求められているのは、このWTO問題の解消に向けての土地制度改革（法制定）の準備を始めることではないのか。

（1）　米国の場合は、GATSにおいて、外国人の土地取得について、州ごとに異なる取り扱いであることをはっきりと留保し、自国の権益を確実に保護している。国際ルール、連邦法、各州法のいずれにおいても自国の国益につながる規定を具備しており、国際約束と国内法の中に、国土の切り売りが阻止される仕組みが幾重にも組み込まれている。

（外国人土地法を諦めない）

２０１０年代の前半まで、即効薬とされていた法律があった。

外資の国土買収が問題視されたとき、必ずその対策として国会や地方議会で挙げられたのが、「外国人土地法」である。法律として現存しているし、政令（勅令）を制定すれば「これを復活させればよいだけだ。難しくはないだろう」

こと足りる。

それが手っ取り早いと主張する議員が多かった。

しかし、同法はたな晒《ざら》しにされたままだ。

現存する「外国人土地法」は、大正14年（1925年）に制定されたものだが、法令として構造上の問題が指摘されている。同法は、「制限の対象となる権利や制限の態様等について政令に包括的白紙的に委任」しているが、「この点で憲法上の問題が生ずる可能性がある」（17年12月1日、衆議院法務委員会、鬼木誠《おにきまこと》議員［自民］に対する法務省民事局長答弁抜粋）との見解が示されている。

本来、私権（財産権等）を制限する場合には、行政府たる省庁の合意だけで決まる政令に全面委任するのではなく、立法府できちんと審議し、法律によって定めなければならないのだが、現行の外国人土地法はそのような構造になっていない。にもかかわらず、政令のみを新たに行政府（非公開の閣議）で定め、法令を適用させていくことは憲法上の問題が生じる可能性があるという解釈で、現時点ではここで検討は止まっている。

なお、本法を制定した1925年は、日本人が海外移民となっていた時代で、当時、この外国人土地法は「例外的な場所（安保上必要な地区）以外は外国人でも所有を認める」といういわば規制緩和法であったのだ。同法はこうした緩和を謳う一方、同時に「外国法によって当該国での日本人移民の土地所有等を認めない場合は日本国内でも同様の制限を課す」という相互主義を相手国に対し謳っていた。

何度も言うが、「世界が認める法治国家」と「それ以外の国家」は同じ外国として一括《ひとくく》りにすべきではない。

時代は混迷と混乱の度合いを強めており、台湾《たいわん》、そして日本の有事も取りざたされはじめたが、外国人土地法の制定の主旨を踏まえ、また現下の我が国が置かれた情勢に鑑《かんが》み、旧法も諦めず、相互主義のもと、改めてリセットしていくことも、選択肢として持っておきたい。

□コラム

日本列島は世界のもの？

今日、香港、ウクライナ、台湾の現状に鑑み、この日本も状況しだいでは同じような状況下に置かれる可能性がある。

そのような危うい未来が間近に見えてきたなら、富裕層は海外への逃避策を考え出すだろう。しかし移動や移住ができる人はいいが、残るしかない日本人は棄民とされてしまうのだろうか。

立法府は防衛予算の割増と国家安全保障三原則の制定をしたが、政治家と官僚の動きが変わったわけでもない。いままで通りの平和時のルーチンワークを続けている。

有事の際の国の動かし方、国体維持の方法ができ上がっておらず、訓練もされていない。安全保障は防衛省部局だけの仕事と決めつけてしまっている。

我が国の法律はすべて平和を前提とした法律になっている。

戦後日本の国是はあまねく「売り」一辺倒となり、「売れるものなら何でも、どの国へでも売ろう」「売って、現金化しよう」「金銭的に豊かになったものが偉いのだ」との考え方が主流になり、それはグローバル経済下でより加速しているように私には見える。個人ばかりでなく、国家や自治体もそういう傾向になっているのではないか。

ここ数年を振り返ってみると、虎の子の資産を海外に売り飛ばしてしまったのは夕張《ゆうばり》市だけではない。短期の収益性確保が第一ということで、国土資産の売却や貸付は奨励され続けている。国有財産の売却にかかる一般入札に国籍条項はなく、一定の形式さえクリアすれば、どこの国の人たちへも売却し、貸出しすることができる。そのルール（国有財産の管理処分方針）は不変だ。

財務省も農水省も政府は、大面積の国有地を外資に売ったり貸したりしていて、改める気配はない。

売り先、貸し先の相手はどの国でもよい。昨日までの約束を突然反故にしたり、国際ルールを守らず、平気で自国に都合のいいように解釈する国に対しても、日本政府は「金になるから」と切り売りしたり、貸し続けたりしている。

かつて、民主党の鳩山由紀夫《はとやまゆきお》内閣総理大臣が「日本列島は日本人だけの所有物じゃない」（2009年）と公言したことがあったが、驚くなかれ。国公有財産の売却や貸付ルールはずっと昔から変わっておらず、全世界に向けて開かれたままになっている。

第二部

水面下で進む国土買収

第二部ではフィールドワークをもとに、全国の買収状況を報告する。

買収された現場を「港湾」「リゾート」「農林地」「離島」「産業インフラ」「教育」――の六つに分類し、北海道から順に沖縄まで、各地の今をレポートする。六つに分けたのは、それぞれの分野ごとに経済性を度外視した強引ともいえる投資が見られるからだ。そして、その出所として外国の政府系ファンドやマネーロンダリングが疑われ、各買収には戦略性と計画性が読み取れる。

進みゆく列島買収の今をできるだけ多くの方たちと共有できたらと思う。

第一章　組み込まれていく港湾

廃れゆく道東が生きる途（北海道釧路市）

私はバブル期の頃、まだ活気が残っていた釧路に2年ほど暮らしたことがあるので少し土地勘がある。最盛期の1981年、23万人あった釧路市の人口は、2022年末には16万人にまで減ってしまった。

20年には日本製紙（釧路工場）は撤退を決め、跡地80ヘクタールの整理を始めたが、大部分の売り先はいまだ何も決まっていない。将来、仮にその場所を資金力のある海外企業が買収してしまえば、中心市街地と港湾部をつなぐエリア全域をほぼ占有することになるから、釧路経済界の去就まで左右するだろう。

その可能性が少しずつ高まっている。

地元経済界によると、ここにきて釧路港の後背地や音別町《おんべつちょう》（釧路市）の不動産情報を欲しがるコンサルタント業者が出てきており、探すターゲットが絞られてきているという。

中国側も釧路には関心を寄せているのか、釧路日中友好協会のHPには「国際物流の大きな変化のなかの釧路」と題して、次のように記されている。

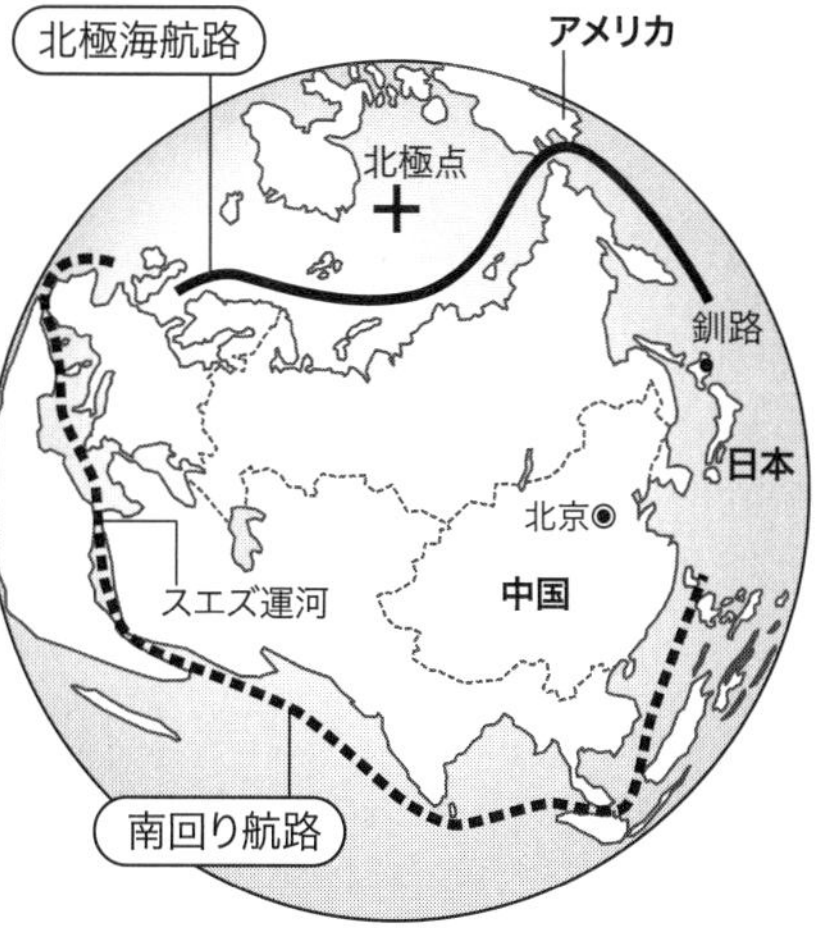

図1-a　北極海航路

釧路は日本で唯一、港湾後背地は平らで広大にあり、港湾、高速道路、空港、鉄道がリンクし国際水準並みの巨大な物流拠点を形成できるという特徴がある。ここに様々な大企業が注目して動いている。このように当協会が経済をテーマに活動に至るのは必然なのである。（『日本と中国（北海道版）』21年5月1日）

北極海航路への期待も大きい。

同航路はスエズ運河経由より航行距離は4割近く短く、海賊のリスクも少なく、ここ数年利用が増えている（図1－a）。北海道開発局は15年の延べ24隻が、20年には延べ133隻になったと発表した（「北海道新聞」21年3月24日）。その北極海航路の国際中継港に釧路港がなるというわけだ。

18年、中国遠洋海運集団（COSCOグループ）の貨物船が釧路港に寄港した際に、在日中国企業協会会長とCOSCO日本代表取締役社長が駆け付けた。この時、蝦名《えびな》大也《ひろや》釧路市長は歓迎してこう言った。

「釧路は日本の中で欧州と最も近く、玄関口になれる地域。今後も強力にサポートする」（「北海道新聞」18年8月21日）

22年に釧路を訪れた黄星原・日中友好会館中国代表理事は次のような提案をした。

中国とアメリカは貿易をしているが、釧路を中継することで中国とアメリカが直接貿易することにならなくなる。これをうまく活用すべきだ。（「釧路新聞」22年9月17日）

何かと制約が多く、禁輸品目が増えている米中貿易の中継港として、アジアの不凍港・釧路港を活用し、「米国―日本―中国の3か国で交易ロンダリングをやろう」と提案しているように私には聞こえるといったら言いすぎだろうか。

ただこの先、「北の釧路、南のシンガポール」（張小平駐日中国大使館一等書記官）などと呼ばれて舞い上がっていると、気づいたら中国のための拠点に釧路が、という事態にもなりかねない。

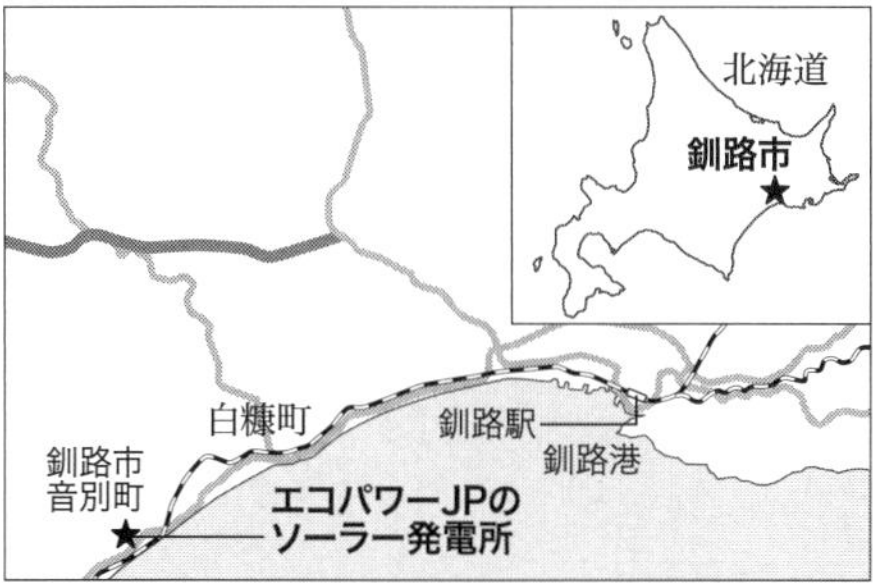

図1-b　釧路市最大のメガソーラー発電所、エコパワーJP

仮に、港湾運営を担っている「釧路西港開発埠頭《ふとう》株式会社」に中国マネーが入り、また日本製紙の広大な跡地が出資者を秘匿できるSPC（特別目的会社）方式等によって外資に占有されたなら、釧路は一変する。中国資本主導で港湾地区と市街地の一帯開発が一挙に進むだろう。

そうならざるを得ない事情が釧路にはある。

ここ30年余りを振りかえってみると、釧路経済界にとっての選択肢はもう残っていない。エネルギー産業も中国とのかかわりがある日本企業の進出が目立つ。現に今、石炭、木材バイオマス、地熱の発電拠点や教育機関の設置計画は着々と進んでおり、ここにも中国色が色濃く出はじめている。

釧路港から白糠町《しらぬかちょう》を経て、釧路市音別町に抜けていく海岸線沿いには、ソーラー発電所がある。「株式会社エコパワーＪＰ」の釧路音別太陽光発電所の119ヘクタールだ（図１－ｂ）。この釧路市最大のソーラー用地の取得から資金調達までを担った人物は、釧路日中友好協会のコアメンバーである。

すでに地元民の間には諦めムードが蔓延《まんえん》している。

「釧路港を利用した物流都市とインバウンド期待の観光地としてしか生き残る途《みち》はないのでしょうか」

「でも、どちらにしても中国の影が見えて恐ろしいです」

釧路生まれの知人はそう言って肩を落とした。

一体経済圏構想（北海道石狩市）

石狩湾は広大な石狩平野の玄関口に位置し、その後背地に道都札幌と道内第二の都市の旭川《あさひかわ》市が控えている（図１－ｃ）。

石狩湾の東方に位置する石狩市が今、対中輸出に精力的になっている。

２０２１年の香港への道産米の輸出は８６７トン。見据えているのは世界一の中国巨大市場である。

　ウクライナ戦争以降、インドは小麦、砂糖の、マレーシアは鶏肉の「輸出規制」を始めており、自国の食料生産物を囲い込もうとしている。同じように食料輸出規制を開始した国は20か国以上になるが、こうした国々と比べると、日本は真逆の方向に走っている。コメの輸出は、高級食材で外貨を稼ぐホタテや神戸ビーフの輸出とはちがう。

　北海道の農地面積は全国の26％以上を占め、都道府県別の食糧自給率（カロリーベース、19年）が全国一（２１６％）だが、この先、中国への輸出を強化していくとしたらどうなるか。また農地買収が進み、道内の中国人農家が契約栽培の形で中国向けの農産物（コメ、ジャガイモ、鶏卵等）を作り、石狩湾新港から大量に輸出するようになったとき、日本政府は止められるか。

　残念ながら、そのような法律は我が国にはない。

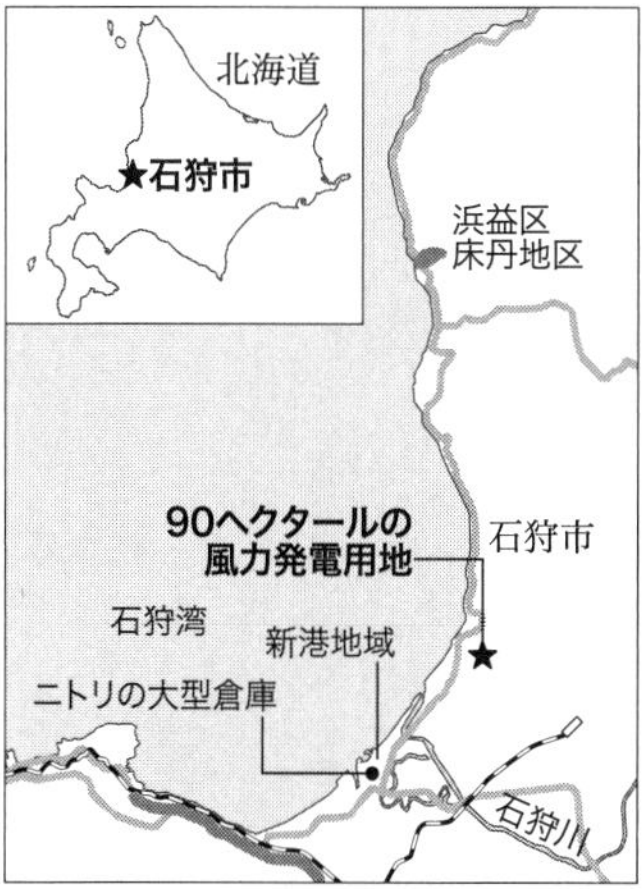

図1-c　石狩湾に面する石狩市。浜益区床丹地区は水資源保全条例の対象地から外れた

171ページのコラムで紹介したように、ニュージーランドでも中国資本による農地買収と農産物輸出の構図が見られるが、ニュージーランドよりはるかに中国に近い北海道は、よりニーズが高いだろう。日本には農地の売買規制がないのと同然だから、実にやりやすい。

おまけに石狩湾は、洋上風力でこれから栄える。発電部品のサプライチェーンを中国が担うと、石狩湾新港の運営管理権（30年間）まで中国が掌握する可能性さえあると、私は危惧《きぐ》している。

石狩湾新港はこの先10年で、ギリシャのピレウスやスリランカのハンバントタと似たような流れになっていくのではないか。気がついてみたら、後背地も含め、「一体経済圏」化していたという可能性は十分あり得るだろう。

なお、この石狩湾新港地域に敷地面積10・5ヘクタールの大型物流倉庫を建設した企業がニトリである。全国8エリアに大型倉庫を作る計画の第一弾だ。

もう一つ。石狩市で気になる動きがある。

自由な土地売買を可能にするため、規制撤廃が進んでいることだ。

22年4月、道庁は「重要な水資源保全地域」として指定されていた石狩市内の浜益《はまます》区床丹《とこたん》地区（162ヘクタール）について、当該指定を解除し、土地売買時の事前届出制度の対象外とした。道内初で、今（23年4月）も唯一である。

この規制は、第一部第四章で述べたように、外資の土地買収が直接の引き金となり、12年、それを阻止すべく制定された条例「北海道水資源の保全に関する条例（12年）」によって始められたものであった。

道内において、重要な「水資源保全地域」を指定し、そのエリア内の土地売買については事前届出（3か月前届出）を義務付けさせるというもので、画期的な先進モデルとされた。この道条例は全国初で、ここから20道府県へ広がっていった。これまで道内60市町村の184区域において指定されていたが、今回の解除により、183区域となった。

道庁は、石狩市の指定解除理由について、「人口減で給水施設を利用する人がいなくなったから」としているが、この理由ならば全道のどこであっても該当してしまう。

本当のところは、大規模な再エネ事業が持ち上がったからか。それとも別用途の土地の購入希望者が増えてきたためか。

この規制撤廃で、地権者は売りやすくなったし、買収者は堂々と大規模な土地を取得できるだろう。すでに石狩市内では道外の業者（合同会社Ｉ）等による3万3600キロワットの巨大風力発電用地の土地買収が90ヘクタール終了しているが、この規制撤廃の流れを追い風に、今後は石狩湾沿岸部や山岳尾根筋における地上げは、やりやすくなるだろう。

外資買収を警戒して指定された第一号の条例だっただけに残念である。

令和の開拓者（北海道小樽市・余市町）

石狩湾の東側が石狩市なら、西側は小樽市だ（図1－d）。

小樽港もコメの輸出を始めている。主体はニトリグループだ。ニトリは19年から、商品輸入で使うコンテナの帰り便（空コンテナ）を活用して水の輸出をはじめていたが、21年からはコメ54トンを中国（香港）へ輸出した。

小樽市内では再エネ関連の土地買収も進んでいて、18年、中国系関連会社とみられるPNF JAPAN株式会社によるソーラー用の買収が2か所（豊川町《とよかわちょう》、蘭島《らんしま》）、余市町《よいちちょう》では12年に中国系関連会社とみられるSSJプロパティ・マネジメント合同会社による5・7ヘクタールのメガソーラー用地の買収があり、いずれも現在、稼働中である。後者の北北東1・5kmには、海上自衛隊余市防備隊がある。

加えて、小樽の海岸線近くから市街地一帯は民泊が非常に多く、運河に近いホテルや民泊用の民家では地上げが続いている。

この港湾都市の開発でニトリの果たす役割は大きく、「小樽芸術村」計画を掲げ、小樽湾を一望できる高級旅館銀鱗荘《ぎんりんそう》も取得した。いま人口減で苦しむ小樽を救おうと、ニトリは立

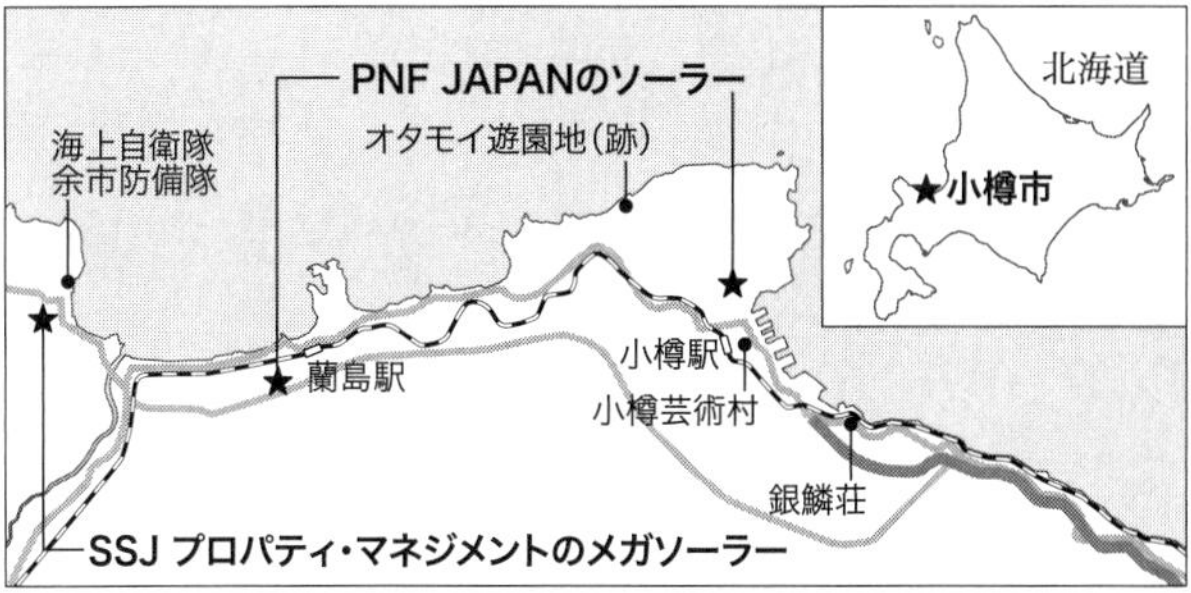

図1-d　再エネ開発用地の買収が進む小樽市・余市町

ち上がっている。

オタモイ遊園地の跡地も注目されている。昭和初期建設のいわば要塞《ようさい》のような施設で、そこからは日本海を睥睨《へいげい》できる。似鳥会長は「オタモイの眺望は日本一だ」として、当地の開拓計画へ5000万円を寄付している。

ニトリホールディングスは上場以降、21年まで32期連続増収増益で、これは米国ウォルマートと並んで世界一を記録した。家電、住宅リフォーム、スーパーマーケットの分野にまで進出している。同グループはこれまで、経産省、警察庁、国税庁、検察庁はじめ、何人もの官庁トップを役員として迎え入れ、総理や幹事長はじめ多くの与野党有力国会議員へ多額の政治献金を続けてきた。道知事の後援会長も同社トップが務めている。

ただし、企業の繁栄は永遠ではない。ニトリというグローバル企業の10年後がどうなるか。グローバル化がさらに進み、成長したその企業の経営権が創業者から、海外の別の企業グループの下に移っていったとき、ニトリがもつ資産（特に不動産）もまた帰属が移る。今の自由主義経済の中、この権利移動を止める手立てはない。

苫東と北極海航路（北海道苫小牧市）

苫小牧港は政府のお荷物、苫小牧東部大規模工業団地（現　苫小牧東部地域産業用地、通称「苫東《とまとう》」）を背後に抱える（図1－e）。「苫東」は1960年代、青森県「むつ小川原」、鹿児島県「志布志湾」と並ぶ日本三大国家開発プロジェクトで、その後に出された日本列島改造論の目玉でもあった。不毛の大地に巨大コンビナートを、という夢は破れ、巨額赤字で計画は破綻。現在、工業団地面積1万700ヘクタールのうち、4400ヘクタールが売れ残っている。

何とかしたいと、苫小牧港も釧路港と同じく、北極海航路に期待をかけている。

22年7月、苫小牧市を訪問した劉亜明駐札幌中国総領事は「両国は交流を拡大し、さらなる関係発展の努力をしていかなければならない」と、市の協力に期待した。一方、現市長は、「（友好都市提携を結んでいる）秦皇島市との友人関係をもっと深めていきたい」と応じた（「北海道新聞」22年7月6日）。

良好な関係が継続することを望む一方で、土地買収や港湾占有については、慎重な対応を続けるべきだと私は思う。

というのも苫小牧港は、道内の国際コンテナ取扱量の8割近くを占める重要港湾となっているからだ。指定管理者は苫小牧国際コンテナターミナル株式会社という会社で、ターミナル運営と施設管理を行っている。

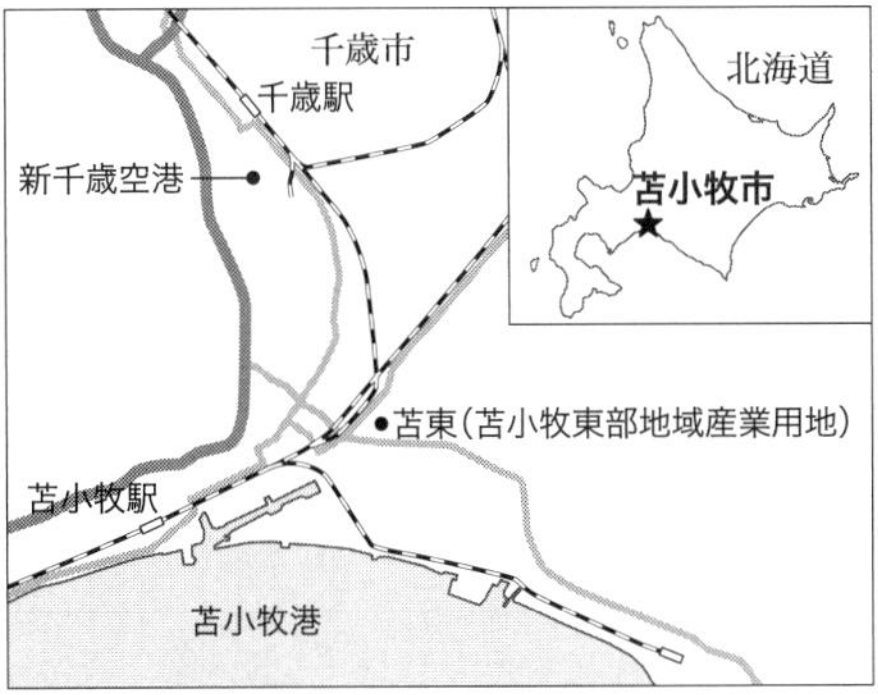

図1-e　苫小牧市

「釧路西港開発埠頭株式会社」への懸念と同じで、反転攻勢を急ぐあまり、気づかぬうちに外資が参入し、街ごと買収が進んでいってしまうようなことがないようにしたい。

国家プロジェクトの「苫東」は、国土庁時代の私の恩師、下河辺淳《しもこうべあつし》先生（元国土庁事務次官）が新全総（新全国総合開発計画、1969年閣議決定）に盛り込んだものだが、現状の北海道や苫小牧を前にしたなら、どのような政策を提案するだろうか。国土計画のドンで、中国通でもあった下河辺先生なら、今の外資攻勢をどう受け止めるだろうか。

帯路でつながる大阪港と武漢港――ＭＯＵの箍《たが》（大阪市）

２０２１年12月、大阪港湾局（府・市）は中国側（武《ぶ》漢《かん》港管理委員会）と、港湾同士の提携を承認する手続き、ＭＯＵ（覚書）を取り交わした。

このＭＯＵについて、日本側はその名称を「パートナーシップ港提携に関する覚書」と呼び、「大阪府市が一帯一路に参加することはありません」（吉村洋文《よしむらひろふみ》府知事）と弁明しているが、在日中国大使館のＨＰには「『中国湖北―日本関西江海連運帯路互通協力プロジェクト』調印式」（21年12月17日）として誇らしげに紹介されている。「帯路」は「一帯一路」の略称だ。

これからの大阪は、大阪万博（25年）やＩＲ等の巨大プロジェクトが目白押しだ。中国側とはより密接かつ頻繁な交流を果たさなければ成功は望めないわけで、浸透と一体性が進むのは必然かもしれない。

第一部第一章で登場した件の「南港咲洲メガソーラー」が、両者共同の事業基盤・拠点として、中国側のフック（とっかかり）の役割を果たしたことはまちがいないと私は考える。政府は仮に今後、国益に反することが出てきたならば、糺《ただ》さなければならない。通常、主権国家として国益の観点から地方政府（地方公共団体）が誤ったと判断をしたとき、国家として修正を加えていくものだ。

豪州では、北部準州政府が15年、ダーウィン港のふ頭のリース契約（99年間）を中国企業の嵐橋集団と結んで大騒ぎになり、今なお揉《も》めているが、修正するための努力を中央政府は続けている。

我が国はどうだろう。

残念なことだが、大阪府・市と中国武漢港管理委員会が結んだMOUを一帯一路とは別物として気にしていないようだ。しかし、相手側は忘れたりはしない。文書は残っている。日中両国が同床異夢のまま時間ばかりが過ぎ、「帯路」の一つの港として、大阪港は位置づけられたままになっていくのではないか。

令和の元寇（福津市・福岡市志賀島）

1274年（文永《ぶんえい》の役）と1281年（弘安《こうあん》の役）。

福岡は二度にわたって蒙古《もうこ》襲来を受け、交戦の地となったが、玄界灘《げんかいなだ》を望む海沿いの一帯には複数の防塁が残っていて、当時を思い起こさせる。

そして令和の今、福岡には経済進出という新しいかたちによる中国からの攻勢が続いている。土地買収の面で見ると、博多湾の周辺に位置する福津《ふくつ》、志賀島《しかのしま》、そして百道《ももち》、糸島《いとしま》などで、外資による地上げと買収者不明の土地が見られる（図1－f）。

このうち、福津市の海側にある恋《こい》の浦《うら》地区では、２０１８年、香港の飲料メーカー、景田食品飲料有限公司が55ヘクタールを買収した。現地は玄界灘に突き出た半島部の付け根に当たる。旧サーキット場「スピードパーク恋の浦（閉業）」も当地に含まれていた。

周辺の海側一帯では虫喰い的な売買が進んでおり、国定公園の区域内だが、無断道路開設、樹木伐採や不法投棄などが見られ、県と市による監視のための巡回が続けられている。

志賀島の土地が何かとセンシティブであるのは、博多湾の入口、突端部に位置するという立地的特性に加え、島の東方に国の重要施設、国交省福岡航空交通管制部があることも影響している。

外資や外国人による土地買収が志賀島で行われていると聞いて、22年の春、訪問してみた。全島的に過疎が進む中、島の中心部（志賀）に外国人の転入と、中国人所有の民泊が見られた。島では地域活性化のためということで福岡市の助成金をもとに不動産情報を集め、買い手がないからと中国へ紹介・転売する動きがあるが、集められた物件の売り先は開示されていなかった。

志賀島の海の方に地元の人と出てみると、堤防では釣りを楽しんだり、磯でシッタカ貝やサザエを獲《と》る外国人が見られた。地元の人によれば不便なこの地をわざわざ選んで定住している外国人の家族も複数いるという。

福岡航空交通管制部の対岸500m先には、福岡市が埋立開発した博多湾内の人工島アイランドシティがあり、そこの分譲に際し、21年11月に総合企画コンペが行われた。国交省福岡運輸支局の予定地に隣接する一等地で、面積は8万289・27㎡。その半分の土地の落札者は、一番札（99・4万円／坪）を入れた東京建物株式会社ではなく、二番札（62・4万円／坪）のニトリに変更され、落札が決まった。

ニトリの国際的な物流実績が評価された結果（総合評価）だったが、この変更調整には2か月の時間を要したものの、採択プロセスの詳細は公表されず、不透明でかつ不自然ではないかという声が入

図1-f　博多湾一帯で虫喰い的に買収が進む

札に参加した業界の中でくすぶっている。

大阪市の「南港咲洲メガソーラー」の例（第一部第一章）でみてきたように、自治体が造成した人工島を民間に貸付したり、分譲する場合、時間が経ってから、自治体のとった対応が政治的なテーマとなり、問題化するケースがしばしばある。福岡市は入札経過について十分な説明を果たす必要があるだろう。

米軍基地傍のハウステンボスを買った香港資本（長崎県佐世保市）

港湾の重要性は釧路、石狩、小樽、苫小牧、富山、大阪、福津、福岡と本書で見てきたとおりだが、新法「重要土地等調査法」上ではいずれも対象外になる（第一部第四章参照）。

各地の港湾やその後背地では外資による占有が進んでいるが、中でもこの数年で急速に様変わりすると私が考えているのが、長崎県佐世保市だ（図1－g）。長崎県はハウステンボス隣接地にＩＲを誘致する計画をもつ。２０２７年の開業を見越し、開業5年目で年間売上高２７１６億円、年間来訪者６７３万人を見込んでいる。

長崎県議会は22年春、「ハウステンボスへの誘致を目指すカジノを含む統合型リゾート＝ＩＲ」を可決した。賛成42票、反対3票という圧倒的多数での合意だった。

賛成派はいう。

「伝統的で高級感があり、ハウステンボスの景観とも調和した世界最高水準のＩＲの実現というコンセプトのもと、本県のみならず、九州の地方創生、ひいては我が国の発展にも貢献するものであります」
（22年4月20日、宅島寿一《たくしまとしかず》議員）

出島《でじま》の歴史を体現してきた長崎としては、その１００倍の面積をもつ新しい「出島」——ハウステンボスに夢を託し、バラ色の未来を描いているのだろう。

ところが、カジノ議決から4か月後の8月30日、ハウステンボスは１０００億円で香港資本へ売却されると発表した。買収したのは、単偉建会長が率いるＰＡＧ（太平聯盟投資集団）で、これによって日本最大規模のテーマパーク、総開発面積１５２ヘクタールが香港資本の所有になった。

ＰＡＧは第一部第一章（67ページ〜）で

図1-g　安全保障上の要衝が点在する佐世保市。無防備に占有が進む

紹介したとおり、アジア有数の投資ファンドで、米・中に幅広い投資先と人脈をもつ。日本では太陽光発電の分野で、発電容量600メガワット（面積1200ヘクタール相当）以上を保有する国内最大級の再エネファンドグループである。その資本がハウステンボスの地に参入してきたわけだ。

大きなニュースだと思うが、私はメディア（地元紙、四大紙、テレビなど）で報じられているのを見ていない。

なお、ハウステンボスの西側隣接地は米軍施設である。幹部住宅が建ち並び、その背後北側には米海軍針尾島《はりおじま》弾薬集積所が続く。この弾薬庫エリアはインド洋以西の米軍の弾薬を一手に管轄する重要施設だ。さらにハウステンボスから10㎞以内には、米軍の中枢司令部、海上自衛隊佐世保基地の施設などが複数並んでいる。

そういった立地の、いわば米軍の喉元に当たる場所のハウステンボスを買収したという見方もでき、単に経済的理由だけでなかったという解釈も成り立つ。

最近の長崎県は佐世保湾ばかりでなく、第一部第一章の洋上風力の項でふれたように、西海市の崎戸島などにも中国系企業の進出がはじまっている。

長崎ＩＲの認可は23年4月、ひとまず延期になったが、今後は大口スポンサー（海外含む）の出方次第で、長崎県の思いとは別の方向に様変わりしていく可能性も否定できない。荒唐無稽《むけい》ではあるが、しかるべき将来、私たちは「ハウステンボスに別の国の空母が接岸する」という事態についても、想定しておかねばならなくなるのではないか。

米軍が極東地区から手を引くことを決め、沖縄・九州から去っていったときが心配である。

第二章　買い尽くされるリゾート

狙った恋の落とし方。（北海道千歳市）

航空自衛隊千歳基地近くの複数の土地には、2008年の早い時期から土地買収の噂を私はよく耳にした。現実として話題になったのは、10年、ニトリの子会社、ニトリパブリックが手掛けた別荘地である。

千歳市郊外に建設された17戸で、1戸当たりの面積は380㎡（115坪）。家具付きで3000万円で売りに出したら即完売した。ニトリパブリックによると、買ったのは全員、中国の人（日本に住む人を含む）だったという。私が分譲直後に訪れてみたときには玄関先に子供用の自転車が各戸に置かれていたが、10年以上経った今では、当然ながらもう何も置かれていなかった。

この別荘地にはカーポートはないかわり、巨大なパラボラアンテナが各戸の敷地の中に一定間隔で計5基設置されている（写真2－a）。高台にあるので、そこからは新千歳空港と航空自衛隊の千歳基地が北東方向に一望できる。その距離は1・5km。

ただこの別荘地、用途はいろいろあるようで、ある関係者によると、13年頃、当地に出入りしていたのは子ども連れの家族ではなく、マイクロバスに同乗してきた数人の男たちだったという。それぞれが各戸に散らばり、1週間ほど滞在したそうで、そういった動きについては、今は衛星画像でもわかるようになっている。画像の解像精度はセンチメートル以下にまで上がってきたからで、子どもと成人の頭の大きさくらいは十分区別がつくのである。

写真2-a　巨大なパラボラアンテナ付きの別荘はニトリパブリックが分譲販売（北海道千歳市）

北海道の知人によると、このとき一般の人が付近を歩いていたら、黒塗りのバンに乗った人から流ちょうではない日本語で制止されたという。複数の近隣住民は気味悪く思って警察に通報し、相談している。
私はこの別荘が気になっていたので分譲しはじめの頃、ニトリパブリックに聞いてみたことがある。電話口の営業担当マンはこう教えてくれた。

「今後は500戸、1000戸と、同じような別荘地を増やしていく計画です。1万人規模のものも考えています」

びっくりして、その計画地の場所を聞いた。

「どこに建設されるんですか？」

答えたくないようで、なかなか教えてくれない。

「それはお客様である中国の方のニーズに応じて決めます。あくまでもお客様が望まれる場所に作っていきます。今は言えませんが……」

言い渋る営業マンにそれでも食い下がってみると、

「……釧路とか」

と、一言添えてくれた。

私は正直言って驚いた。低温・濃霧・不景気・人口減の街の釧路が、なぜ次の別荘地候補に……？

後でニトリパブリックにそう言わしめた一つの理由に思い当たった。

「狙った恋の落とし方。」――。

2008年に公開されたその中国映画の原題は「非誠勿擾」。

歴代興行第1位を記録するヒット作で、中国国内で1億人以上が観たものだ。中国での北海道観光ブームをつくったきっかけになった映画で、舞台は北海道の道東。釧路、阿《あ》寒《かん》、網《あ》走《ばしり》、厚岸《あっけし》、斜里《しゃり》、美《び》幌《ほろ》の現地ロケも行われた。この映画の配給元（日本国内）がニトリパブリックだった。ニトリの国際的な躍進、事業拡大はこの頃からはじまっている。

以来、15年。

この間の北海道内の変わりようを振り返り、道内全域を俯瞰《ふかん》してみると感慨深い。長いレールに沿った壮大なプランが確実に進んでいるように感じるのは私だけだろうか。

倒産自治体のその後（北海道夕張市）

2022年4月。エゾシカがゆったりと街中を横切っていた。人影が見えない。

自治体倒産（06年）で全国的に有名になった夕張市だが、若者や子どものすがたが本当に街中に見当たらない。スーパーでも、コンビニでも。私が滞在した3日間ともそうだった。

夕張の「終わりの始まり」を決定づけたのは、17年だったかもしれない。

この年、鈴木《すずき》直道《なおみち》市長（当時）は市有財産の「夕張リゾート（スキー場ほか三施設）」を企画コンペで民間へ売却した。固定資産税の免除（3年間）も付けて、虎の子の財産を手放した。それが夕張迷走に拍車をかけた。

落札したのは在日中国人が代表を務める「元大リアルエステート」。その額は2・4億円だったが、計画として発表されていた100億円の投資はその後なされず、2年後の19年、これらの物件は、香港ファンドのグレートトレンドへ15億円で転売された。

元大リアルエステートの呉之平代表は「夕張リゾート」を落札した同年、「夕張鹿鳴館《ろくめいかん》も手掛けたい」と夕張市に申し出た。夕張鹿鳴館は、1913年に建設された木造建築物で国の登録有形文化財。炭鉱全盛期の栄華を偲《しの》ばせ、天皇・皇族の宿泊施設にも供された迎賓館である。夕張市はその要望通り、この建物の敷地と庭園、さらに周辺山林（ゴルフ場跡地）も含めた合計9・6ヘクタール（いずれも市有地）を同代表に無償で貸付けし、それを今なお続けている。お人好《ひとよ》しの典型ではないか。

まだ続きがあって、香港ファンドの手に渡った「夕張リゾート」の運営会社も衣替えして新しくなった。その会社とは、夕張リゾートオペレーション株式会社である。その新社長の中国人T氏がやる気満々だと聞いて、夕張市は当時、大きな期待をもった。

「夕張リゾートオペレーション株式会社のT社長（原文は氏名記載）は社長就任後、私どもの早期再開の強い思いにお応え頂き、早速市内に居を構えスキー場再開に向けた諸準備を進めてくださいました。私どもも市ともコミュニケーションを欠かさず、作業の進ちょくをご報告くださり、…また既に多くの市民の皆様とも積極的に交流してこられま

（21年11月19日、厚谷司氏《あつやつかさ》のフェイスブック）

した」

知人から教えてもらったがＳＮＳでそう発信したのは、23年4月に再選した現市長の厚谷司氏である。過剰な敬語に違和感を覚えるが、大切な人なのだろう。

長年、夕張に暮らしてきた老店主は私にこうぼやいた。

「市長は観光再開のお願いに行くだけよ。中国人のリゾート業者には何もモノが言えない」

夕張市にとっては頼みの綱だったＴ社長だが、長くは続かなかった。

22年4月、夕張リゾートオペレーション株式会社を辞任したＴ氏は、自身が会長を務める法人をベースに夕張で別の開発事業を手掛けることにしたという。立場をデベロッパーに変えた。

一連の経過に法的な問題は何もないが、外資系の企業や関係者に振り回され、何ら実のある交渉ができなかった夕張市は大丈夫か。情や阿吽《あうん》の呼吸、口約束……、そんな相手頼みの旧スタイルだけではグローバルな市場では通用しないのはいうまでもない。

夕張市は破綻して16年が経ったが、06年当時1万3000人だった人口は、今や半減して6700人（23年2月）だ。市役所では中途退職者が相次ぎ、人材流出が止まらない。給料は3〜4割も削減されている。かろうじて道庁からの出向者たちが市政を支えているが、この集団も24年には半減する。行政機能の低下は否めない。かつてはブームタウン（にわか景気に沸く町）の時代も経験した夕張市の未来が、私は本当に心配だ。

もっとも、アドバンテージはかろうじて残っている。道知事になった鈴木直道氏は知らんぷりはしないだろうし、ニトリが夕張市に5億円以上の寄付を続けてくれている。心強い行政と経済界の応援団がついている。

とはいうものの、市政の維持が難しくなり、担い手も見えず、生き残るための選択肢を失っている。窮状を打開する策は、インバウンド＋移民しかないかもしれない。それが最後のカードになる。

この先の夕張は紆《う》余《よ》曲折を経ながらガバナンス形態が少しずつ変わりゆき、時間はかかるだろうが、新しい入植者たちによる自治区的要素をもつエリアに置き換わっていくのかもしれない。北海道全体でもそうした市町村が増えていくのではないかと、私は危惧している。

夕張のこの現実に対して目をそらすことなく、変貌していく社会の到来とそういった社会の是非について、国として議論しなければならないときが来ている。

ガバナーは外国人？（北海道倶知安町・ニセコ町）

外資の土地買収の問題で、倶知安・ニセコは別格である。

買収面積は公表されているだけでも、倶知安町75件・670ヘクタール、ニセコ町76件・299ヘクタール（出典　北海道庁）である。

地価の高騰ぶりは他の追随を許さず、公示地価ベースで10年の1万5675円／㎡（倶知安町）が、23年には5・93倍の9万3000円／㎡（同）に上昇している。

ここでは外資の国土買収という一見不穏な言葉からは程遠いイメージが醸し出されている。それは、豪州系白人がスイスのような白銀のスキーリゾートをつくり上げていく国際都市、というものだ。

ただ、そんなイメージをもって現地に飛んだなら、ここ数年の変化には驚くだろう。

「一言でいうなら、このところのバブルはシンガポール経由の中国マネーです」

地元の重鎮は、私の取材にこうきっぱりと言い切った。

倶知安・ニセコの異常な地価高騰には、資産隠しのためのマネーロンダリング、匿名投資が多数かかわっていると見られる。21年中ごろ、サンシティ・グループが倶知安町の20ヘクタールを買収した時には緊張が走った。同グループトップのアルビン・チャウ（周焯華）は、当時すでに豪米ではカジノがらみのマネーロンダリングなどで入国禁止だった。

「いよいよニセコにも本格的な中国マネーの参入か、裏カジノができるのでは……」

そう身構える地元民もいたが、その後、アルビン・チャウはマカオで逮捕され、日本でも

ＩＲ事業をめぐる収賄容疑で国会議員が逮捕され、北海道内のカジノ構想は下火になった。しかし中国大陸からすると、北海道は何かと仕掛けるに好都合なのだろう。欧州よりはるかに近いし、土地売買規制も投資規制もないに等しい。積極的な投資活動は、新幹線開通の30年までは沸騰したまま続くだろう。

私が懸念するのは止まらない巨大なリゾート開発と増大する水需要をどうコントロールしていくかという点だ。大型上下水道などを準備するコストを誰が負担していくのか。景観保持も含めたこれらの問題では、町民と海外オーナーとの意見の相違も出てくるだろう。

先進的な宿泊税（町税）を19年から徴収するようになった倶知安町では、これまでならシャンシャンだった観光協会の理事や会長も選挙になった。今後、税収が増えるにつれ、その分配をめぐる調整は難しくなっていくだろう。

税を支払う側の国際派（外資及び外国人）の発言力が大きくなるにつれ、公共組織のトップの人選も変わってくるはずで、近い将来、海外の者が観光協会会長になるなど、ガバナンスの一端を担うようになる日が来る、と私は推測する。

山頂ゴンドラステーションからの眺め（北海道倶知安町）

２０１９年10月。

G20観光大臣サミットが我が国で開催された。開催場所は倶知安町のニセコHANAZONOリゾートのパークハイアットホテルだ。

同リゾート施設のオーナーは、李沢楷（リチャード・リー）。香港の不動産企業PCPD創業者である。ここでサミットが開催された。

「適地はここしかなかった」というより、「数年以上も前から計画を立て、ここでサミットをやって箔《はく》をつけ、各界に布石を打ちながら高級ホテルや別荘地の価値を高めるための資金投下を続けてきた」と説明する方が正しいだろう。

おかげでサミット開催後の倶知安町ニセコHANAZONOリゾート周辺は、別荘、コンドミニアム開発に大いに弾みがつき、コロナ禍にあっても工事の槌音《つちおと》が止むことはない。値上がりは続いていて、コンドミニアム（マンション型別荘、倶知安町比羅夫《ひらふ》）の1㎡当たりの一般的な単価は、250万円（23年）。50坪のマンションなら4億円、100坪なら8億円を超えている。

もっとも、ここに至るまでの経緯は単純ではなかった。

東急系が本格的に開発してきた事業を、04年に豪州系資本が買収し、その事業を07年、現在の香港系PCPDが買収した。これまでにPCPDは、250ヘクタールの土地を買収し、スキー場、ゴルフ場を取得したほか、大型コンドミニアムの建設など、着々と業容を拡大させた。その間、許認可をいくつもクリアしてきた。

同時に、多額の寄付を皇族が名誉総裁を務める団体に行ってきた。19年1月の大昼食会に参加したのは、その寄付を受けたバードライフ・インターナショナルの高円宮久子《たかまどのみやひさこ》名誉総裁、地元北海道の高橋はるみ知事、中央官庁出先機関（北海道開発庁や農水省等）の現場トップ、そしてＰＣＰＤの創業者本人であった。

こうしたイベントの効果はあったと見るべきで、ＨＡＮＡＺＯＮＯリゾートのニセコワイスエリアは現在、四季を通じたワールドクラスのリゾートとして発展している。

今なお開発は進行中で計画どおりに完成した暁には、尾根と尾根とを大胆につないでいくゴンドラや、中継地に建設された立派な駅舎（ゴンドラステーション）からのグランドビューが眼下に広がるはずだ。とりわけワイスホルン山頂（１０４５ｍ）に近い駅舎からは遠く日本海はもちろん、30㎞圏内に位置する泊原発も一望のもとに収められるだろう。すぐ近くで行われる自衛隊の雪中訓練も見ることができるかもしれない。

問題は、ここに至るまでの許認可プロセスにおいて、我が国では安全保障面をチェックする法令や運用ルールが新法「重要土地等調査法」の他には皆無であり、許認可時にはその法律すらない、オールフリーの状態だったので、そういった検証がなされなかったという点である。

しかも、ニセコHANAZONOリゾートの立地は、民有地と国有地の両方にまたがっているが、これらの土地については、いずれも新法「重要土地等調査法」の対象外になる可能性が高い。

新法がいう規制の対象地（注視区域・特別注視区域）は、第一部第四章で述べたように重要施設（防衛関係施設、海上保安庁施設、原子力関係施設、自衛隊隣接空港）から一定距離（1㎞）以内のエリアに限られるからだ。当地は自衛隊の訓練地に隣接しているものの、近くに重要施設というものがないし、泊原発から1㎞以内というわけでもない。

国からの貸付地部分（国有地）については、3年おきに貸付更新が行われるが、その際のチェックは、管理経営的な観点からの審査に限られる可能性が高い。

結局、当該地の利用状況を安全保障上の観点から調査することは、新法施行後も行われないのである。

外資が占用する国有地（北海道占冠村・新得町・赤井川村）

外国資本への土地売却は、額が大きいとニュースになる。例えば、倶知安町の国有地2ヘクタールを2020年、財務省が4・5億円で香港資本に売った。これは話題になった。

しかし買収でないと、あまり知られていないことがある。

北海道を代表するトマム（占冠村《しむかっぷむら》）、サホロ（新得町《しんとくちょう》）、キロロ（赤井川村《あかいがわむら》）などで見られることだが、外資はここ数年で広大な国有地を次々と占用しはじめている。

15年以降、これら三つのリゾートは、いずれも中国資本「復星集団」によって買収され、SNSでは嘆きの声も見られたが、正確に言うと、買収されたのは民有地の部分だけである。民有地に隣接する国有地部分——ゲレンデやリフト敷、残置森林などの広大なエリアは、国から借りていた株式会社星野リゾートなどがいったん返地し、新たにリゾート事業を継承した「復星集団」が国と貸付契約を結んでいる。現在、「復星集団」は貸付料を国（農水省）に支払う一方、該当国有地を占用している。

前項のHANAZONOリゾートも同様だ。スキー場やゴンドラ敷、山頂部の駅舎部分は国有地で、PCPD（香港）はそれらを占用している。

かつて昭和・平成の時代までは、こういったリゾート・エリアは「コクド」や「東急」等が借り手だったが、それらの国内業者の多くは近年、経営から撤退し、事業施設を手放した。そうしたリゾート施設の行き先の大半が外資で、例えば、コクドを吸収合併した西武ホールディングスは22～23年、プリンスホテルがもつ26施設をシンガポールの政府系ファンドGICに売却した。この時、事業継承したGICは、コクドが国から借りていた国有地部分についても、そのまま国から借り受け、占用を開始する見込みだ。

現在、リゾート用に貸し出された国有地は、全国で総数9089ヘクタール（22年3月末）で、うち外資向けに貸し出されているものは、少なくとも全国20か所以上、総面積は1000ヘクタールを超えていると推計される。

ここ数年では、再エネ（風力、地熱等）向けの国有地の貸付が増えている。第1位は風力で、国有地を貸し付けた総件数（国内法人含む）は259件（22年3月末）。面積は550ヘクタール（同）に及んでいる。このうち外資が何割なのかは不明だが、不確かな事業者、ペーパーカンパニー、シンジケートローン（シローン）、ハゲタカファンドなど、複雑な企業構造はますます難解になっており、外資の把握は容易ではなくなっている。

私は、前章「組み込まれていく港湾」において、基地港湾や海域を外資によって占用されていくのはまずい、無防備ではないかと指摘したが、何のことはない。自分の専門分野である山岳部や水源林につながる奥山国有林においても、次々と外資による占用がはじまっていたのだ。安全保障上はほぼノーチェックだから、これまた無防備というしかない。

富良野は第二のニセコへ（北海道富良野市・上富良野町）

富良野《ふらの》市も、外資による土地買収が進むエリアだ。

当地で景気のいいグループがある。倶知安町（ニセコ）で成功したM司法書士法人（倶知安町）やZ不動産デベロッパー（香港）の関係者たちだ。

富良野への進出を果たし、開発をリードしている。富裕層向けの高級コンドミニアムは、1戸当たりの単価は3000万～2億3000万円。ニセコに比べれば、富良野はまだまだ割安だ。

外資を呼び込む地元の目利きや早耳たちも景気がいいらしい。普段は不動産業、土木業、解体業などを手広く営むその彼らが外資の受け皿、橋渡し役を担っている。

2022年4月、私は現地（北《きた》の峰《みね》地区）を訪問し、富良野の知人に聞いてみた。

知人は、橋渡し役の一人から次のような相談を受けたという。

「あそこの土地はだれのもの？　中国の人が買いたいって言ってるんだけど」

「この月末に中国人オーナーが来たら、富良野市長に会わせて挨拶させるつもりだ。都市計画の線引きでお願いしたいことがあるらしい」

「先方（中国人）はいい物件を探している。つぶれかかった温泉や高原、山も欲しいって」

探索エリアは富良野市に留《とど》まらない。美瑛町《びえいちょう》、比布町《ぴっぷちょう》、中富良野町《なかふらのちょう》、南《みなみ》富良野町にも及んでいる。

知人はまた、こんな話も教えてくれた。

「北の峰地区では100坪に満たない居酒屋が1億で店と土地を売り、雇われ店長として商売を続けています。喜んでますね」

「解体業者のXは、４００坪の土地を数年前に1億円で仕込んで、去年（21年）、7億で中国に売ったそうですよ」

実に景気のいい話だが、酷《ひど》い話もある。

観光大使の称号を得たまま、所在不明になった外国人で、土地買収の手付けだけ打って姿を消したという。

ともあれかなり不動産が動いているようで、当地がニセコ・倶知安のような別荘・コンドミニアム地帯になることは、ほぼ確実だろう。

富良野市は自治体として、自由な経済活動だからとこうした買収の動きを放任している。むしろ「インバウンドのほかに地域活性化策はない」といわんばかりで、中国最大級のSNS（微信《ウェイシン》）を運営するテンセント（騰訊控股有限公司）とは、20年、全国で初めて連携協定を締結した。

富良野市が厄介なのは、問題箇所とされる北の峰地区が既存住宅地と隣接していることだ。

「町内会はほぼ崩壊状態です」

そう地元の人は嘆くが、外国人による買収は街中の住宅地の中まで、虫喰い的に進んでおり、既存住宅地の住民とトラブルも起こる。

たまに別荘の持ち主が海外から戻って来て、分別しないままゴミ出しをすることもあり、回収車は回収せずに現場にそのまま残していく。しかたなく町内会の役員が残されたゴミ袋を開け、分別しているという。

ＮＨＫの『おはよう日本』（21年2月5日）でも、こうした混乱を報道した。北の峰地区の約40の物件が外資に買収されたことが取り上げられ、不安になった住民たちの声が紹介された。

ただ不思議だったのは、買収者として紹介されるのは、シンガポールやタイなど東南アジア諸国の人たちばかりで、なぜか一番多いはずの中国（香港）の事例は登場しなかった。ＮＨＫに限らず、外資の土地買収の報道でしばしば見られるため、意図的に外しているのだろうかと勘繰りたくなってしまう。

原生自然と鄙びた宿を買う（新潟県阿賀町・糸魚川市・妙高市）

新潟県は２０１４年から「水源地域の保全に関する条例」を制定し、土地売買の事前届出を義務付けている。県東部にある阿賀町《あがまち》は自然も水も豊富で、ほぼ全域がこの条例の水源地域に含まれている。山あいの温泉も人気だ。

福島との県境近くにある第三セクターの温泉旅館「ホテルみかわ」もその一つで、原生的な自然に囲まれた場所にある。

16年、この旅館を中国企業の「日本山嶼海株式会社」（侯歓代表取締役）が買った。親会社は「上海山嶼海投資集団」である。

この売却をめぐっては、第三セクター施設の売却ということで、16年12月21日に開かれた阿賀町議会に諮《はか》られた。「中国資本に売る、売らない」で意見が割れ、賛成8、反対6でかろうじて可決された。自治体がもつ第三セクター企業の外資（中国資本）への売却としては、夕張市の例よりも早く、全国初だった。町内には他に、中国資本による大規模な薬草園の造成計画もある。


18年、県最西の糸魚川《いといがわ》市にある美しい池「高浪《たかなみ》の池」ではこんな買収話もあった。

「ここを買い取りたい」

やってきたのは一人の中国人男性で、問いかけられた白馬山麓《はくばさんろく》国民休養地の人たちは驚いた。標高540mの高浪の池周辺にはロッジやキャンプ場などがあるが、ほぼ市有地なので断わるしかない。

似たような話は18年、北東北（秋田）でも耳にした。白神《しらかみ》山地世界遺産地域の二ッ森の頂上で中国人女性が森林管理署の登山ガイドに聞いてきたのだ。

「ここ全部だと、いくらで買えるのか？」

「国有地だからここは買えないよ」

呆れた登山ガイドはそう答え、それっきりになったという。

糸魚川市の隣りの新潟県妙高市《みょうこう》では21年春、「鄙《ひな》びた温泉宿を買いたい」という話が持ち込まれ、成約した。

標高900ｍの野趣豊かな関《せき》温泉には10軒の宿があるが、その一画——3軒を、シンガポール人（2軒）とオーストラリア人（1軒）が買った。

1894年に拓《ひら》かれた関温泉は、外国人にとってはトラディショナル（伝統的）で新鮮に映るらしく、豊かな自然の中で東北地方の歴史や文化が体感でき、お湯の質もとても素晴らしいのだという。こういった風情の場所に、ニセコへの投資経験がある外国人が投資をはじめている。

今後、買収件数が増えていくにつれ、転売もはじまるだろうが、ニセコなどの例をみると、オーストラリア人の買った物件の最終的な転売先は中国、香港、シンガポールになっている。新潟の山あいの地は大丈夫だろうか。

こういった奥深い原生自然の中にある物件や、自然資源そのものの買収の動きは新潟エリアだけではない。お隣の長野県信濃町野尻《のじり》湖周辺のほか、野沢《のざわ》温泉村、白馬村でも見られている。

高級旅館と町屋を買う（神奈川県箱根町・静岡県熱海市・京都市）

13年前のことだが、私は近未来を予想して「まさかの話」でこう書いた。

　グローバルな視点で見ていくと、日本の洗練されたリゾート地や風光明媚な景勝地は有望だ。近い将来、箱根《はこね》など古くからの有名リゾート地が上海のリッチに気に入られ、彼らが所有する別荘地であふれかえったり、八ケ岳《やつがたけ》、軽井沢《かるいざわ》、那須《なす》周辺が欧米系外資によって占有されているかもしれない。

（『奪われる日本の森』２０１０年）

当たってほしくなかったが、今はほぼそのとおりになっている。

振り返ってみると、ここ十余年間、土地を取得した外資が別の外資（中国及び中国系）に転売することはあっても、日本人が買い戻したという事例は聞いたことがない。

「風光明媚な日本は、中国のリゾート地になればいい」（「ＧＬＯＢＥ＋」17年5月7日）

かつて、北京の中国人研究者からこういわれたのは、朝日新聞記者（吉岡桂子《よしおかけいこ》編集委員）

だ。尖閣事件（10年9月7日）が発生して間もない頃だったという。

「日本と中国の関係はこれからどうすればよいのでしょうか？」

その問いに対する返答がこれだったという。

現状はというと、もっと進んでしまっている。

首都圏、近畿圏の近場では、有名どころの観光地の変貌が著しい。箱根や伊豆、富士山周辺の高級旅館では、コロナ禍で立ちゆかなくなった老舗《しにせ》旅館が円安効果も手伝い、買われ続けている。北海道並みだ。

京都では清水寺《きよみずでら》、六波羅蜜寺《ろくはらみつじ》、嵐山《あらしやま》の近辺や花街も外国人に買われた。18年には、町屋が連なる一角を中国の投資会社「蛮子投資集団」が通りごと買収し、「蛮子花間小路」という名前で再開発すると発表した。

外国人が白タクで周遊し、宿泊・飲食と土産購入を外資のゲストハウスや店舗で済ませ、支払い精算を外国カード（アリペイ＝支付宝）で終わらせたら、日本国には微々たるお金しか落ちない。このままでは国は先細りするだけだろう。

国交省や経済界は「インバウンドの受け皿、国際観光都市として京都が発展することを期待したい」というが、京都は映画セットのような張りぼての風景だけが魅力なのではない。その趣ある風景や町の風情は、歴史や伝統、さらには生活や文化とともに育《はぐく》まれてきたものだ。

第一部第三章末の国会質疑（前原誠司衆議院議員）の中でも出てきたが、地元住民から成る町内会がなくなり、民生委員や保護司もいなくなってしまうと、その地のコミュニティは消え、伝統的なまちづくりもできなくなってしまう。そこで生活する住民が去りゆくということは、そこの伝統文化も喪《うしな》われてしまうのだ。

浪速のまちも……（大阪市）

大阪の繁華街も、２０２０年以降、買われている。ちょっとしたバブルの様相を呈していて、大阪・浪速《なにわ》の繁華街、新世界《しんせかい》や道頓堀《どうとんぼり》があるミナミや新今宮《しんいまみや》駅周辺が熱い。25年に万博を控えているせいか。

次々と再開発のプランが始まっていて街には活気がある。

産経新聞大阪版によると、37才だという中国人不動産事業者はこういったという。

「大阪市内だと中国系不動産業者は３００～４００社ほどある。買収側の顧客の９割は中国人で、通天閣《つうてんかく》周辺で50億円は投資しました」（21年10月10日）

商談をまとめると支払いはキャッシュで済ます。コロナ禍でインバウンドが途切れ、値下がりした物件を若い中国人が買っているという。

第一部第三章で述べたように、外国人や外国法人が不動産を所有した場合、ある時点で所有者不明となり、課税・徴税はしだいに難しくなり、やがてとれなくなるケースが出てくる。

大阪市のデータによると、海外へ固定資産税の督促状を送っている件数は、18年度が1900件、19年度が2404件、20年度が3272件である。このうち未納のケース（不能欠損）が相当数あると思われるが、市として「統計」はとっていないという。

中国系企業によるホテル、商業施設の買収は、大阪市ばかりではない。泉南《せんなん》市、泉佐野《いずみさの》市でも目立ってきている。

中国系資本は自治体施設の管理運営やイベント開催運営への進出も果たしており、自治体と外資（及び外資系組織）との結びつきが強くなってきている。音楽祭や花火大会などの催事においても、そういった傾向が強まっている。

第三章　農林地――知らないうちに着々と

ドローンの墓場（北海道平取町）

農地と外資との関連において、外資ではないが、早くから中国で事業を展開してきた日本法人の子会社「株式会社神戸物産エコグリーン北海道」（以下、「E社」という）（北海道むかわ町《ちょう》）が、平取町豊糠《びらとりちょうとよぬか》の全農地219ヘクタールの内、半分を超える123ヘクタールを占有している。

小野寺秀《おのでらまさる》元道議会議員によると、当地のE社による買収価格が相場の2倍以上だったことや、この町で中国総領事館の車や見慣れぬ外車、ヘリコプターの往来がしばしば見られたことが不安視され、様々な憶測を呼んでいる。買収された農地の奥に広がる土地に立ち入れず、その様子が不明で、不可解であることも不安を増幅させている。大量移民の受け入れ先になるのでは……と訝《いぶか》しがられたこともある。

現地で同行してくれた小野寺氏に私が聞いたところによると、空撮調査のためにこの周辺にドローンを飛ばしたら制御不能になったり、地元猟友会がドローンを飛ばしても同じように制御不能になったため、地元関係者は首をかしげつつ、当地のことを「ドローンの墓場」と呼ぶようになっているという。迷走の原因は不明だ。

平取町豊糠の農地の過半をもつE社の場合、自らHPで所有面積を公表しているので私はチェックし続けている。

2008年の農業生産法人の立ち上げ以降、同社の保有農場面積は18年まで増え続けていて、930ヘクタールを集めた11年7月時点で、「最終的には3000ヘクタールまで拡大したい」とE社代表は意欲を見せていた（「財界さっぽろ」11年7月号）。12年1月時点では、1171・5ヘクタール（東京ドーム250個分）まで増やし、日本最大級を誇る規模を有するようになっていた。

しかし19年以降、なぜか減少傾向となり、23年4月の同社保有面積は325ヘクタール（東京ドーム69個分）まで減っている。減った農地846・5ヘクタール（東京ドーム180個分）はどこに消えてしまったのだろうか。最も減らした期間は、18～19年で、同社曰《いわ》く、「個人に売った」としているが、その個人が誰なのかについては明らかにされていない。

農地買いとります（茨城県阿見町・土浦市）

2022年9月、北関東の田園風景の中、農道を走っていると青空に映える看板が所々に立っている。青地に白の文字で目立つデザインだ（写真3－a）。

「畑・田買取ります」

写真3-a　広がる田園地帯に複数の野立看板が設置されている（茨城県阿見町）（写真の一部を修正しています）

「連絡をおまちしております」

茨城県内にある会社名と代表社員名、携帯電話の番号のほかに収穫物のカラー写真、大型機械の作業風景も添えられている。トラクター、田植え機、コンバインを使っているようだ。

「私たちの会社はA合同会社と呼びます。みんなで手を組み前進していくファームを目指して会社を立ち上げました」

「阿見町《あみまち》を拠点に畑と田をつくる以外、牛久《うしく》、龍《りゅ》ケ崎《うがさき》、土浦《つちうら》、かすみがうらにも圃場《ほじょう》があります」

「会社の目標は①無農薬の安心安全な作物栽培②自給率向上のため、国内販売に専念　③荒地の有効利用で、荒地を減らす」

看板にはそう書かれており、有機農業を目指している、とある。

調べてみると、A合同会社（日本法人）は20年6月に設立され、活動をはじめている。農作業に従事しているのは、若い外国人と思われる人たちで、近所の人によれば阿見町の事務所から白い中型バスに乗って現場に通っているという。現在、白菜、ネギ、小麦、サツマイモなどを栽培している。

同社が所有する農地と借受けた農地は合計9ヘクタール（22年4月現在）を超えているが、農地を広げるべく、借り上げと買収の要望を多数の近郊自治体に出しているもようだ。要望の合計は今の20倍以上の面積になる。

「農業機械などは自己資金で購入している。資金は豊富みたいですね」

地元の農業関係者は私の取材にそう教えてくれた。

複数の大型機械の購入、事務所の購入、ガラス温室付きの農地の買収などを合計すると、軽く「億」は超えるとみられる。合同会社だから、すべての出資者（スポンサー）が公表されることはない。

看板の近くに住む女性に聞いてみたら、こう話してくれた。

「ここらはもう（農業）やる人いないっぺよ。んだから買う人いたら売るんでねーの」

「あの青い看板は中国。3年前からあるよ」

「土浦で断られたからここに来たらしいよ。（買収の）お金を出してるのは、大阪の人だっていう話だよ」

調べてみると、外国人農業作業者の拠点は、阿見町に来る前には土浦市にあったようで、大企業の研修所用に使われていた堅固なビルを外国人3人が共有で取得したという。18年のことで、物件の評価額は数億円。その場所に20～30人の労働者が暮らし、農作業に従事していたという。

そうこうしているうち、「当地で農地を借りて野菜を作りたい」「自分たちで農業を始めたい」という外国人が現れるようになり、複数の自治体、農業委員会での相談が始まった。

当初は、農業経験などの面で不安視され、借受希望は実現しなかったが、自治体ごとに対応が分かれた。

「農地法第3条の許可要件(1)をクリアすれば不許可にする理由がないので、許可せざるを得ない」

農地売買を認めた自治体（農業委員会）は、苦慮している。

現時点で、茨城県内に住む外国人や外国法人（外資系法人含む）による農地の買収・借受は公表されていないが、ほぼ全域に及んでいる。

茨城県の農地率は29・0％で全国一だが、北関東の農村地帯は思いのほか過疎が進んでいて、手放す世帯が増えている。この傾向は、優良農地を抱える首都圏の他県でも同じだ。

不安視する農業関係者が小さな声でいう。

「ここでこのスキーム（仕組み）が成功したら、全国展開していくのでは？」

郊外の過疎化なら、首都圏の他の地区、千葉県、埼玉県……にも共通してある。同様の外資買収はすでにかなり進んでいると見た方がよい。

（1）農地法第3条：農地又は採草放牧地について所有権を移転し、又は地上権、永小作権、質権、使用貸借による権利、賃借権若しくはその他の使用及び収益を目的とする権利を設定し、若しくは移転する場合には、政令で定めるところにより、当事者が農業委員会の許可を受けなければならない。

700ヘクタールの使い道（宮崎県都城市）

おそらく、北海道を除けば全国一広い一団の森林が外資系に買収された事例が、都城《みやこのじょう》市安久町《やすひさちょう》にある（図3－a）。

その広さ717ヘクタール。スギのまだ若い人工林が2～3割交じった林業的には普通の山だ。一体何に使うのだろう。

「現地はそのままですよ。ここ5年以上何も変わっていない」

「標高が高くて、見晴らしがいいというわけでもないし……。林業以外に使い道はあるんでしょうか」

地元林業関係者も首をひねる。700ヘクタールという数字の大きさだけが魅力なのか。それとも何か別の用途でもあるのだろうか。

もしここを開発してソーラー発電所にしようとしたら、これまで得た林業補助金を返還しなければならない。植林、下刈り、除伐、間伐のときに、支払われた国・県からの林業補助金が何千万円も投入されているからだ。

図3-a　用途不明の広大な森林717ヘクタールが買収された宮崎県都城市

そんなことまでしてソーラーにする者はいまい。10年前の買取価格（FIT制度）ならまだしも、当時と比べて4分の1になってしまった今の買取価格でソーラーをはじめる者がいたなら、時代を読み違えている。

それに現地は平坦《へいたん》ではない。見たところ急峻《きゅうしゅん》な箇所がかなり交じっている山だ。しかも幹線道路は一本入っているだけで、路網が整っているわけでもない。開発には不向きだ。

林業を続けるとしても、今のスギの木はまだ若くて細い。50〜60年生の木とするまでは、あと30年もかかるから、結局、寝かせておくしか手はないだろう。

私が一つ心配していることがある。

南西諸島周辺の防衛対応力を高めるために、最新鋭ステルス戦闘機のF35Bが、当地の北東方向40㎞の航空自衛隊新田原《にゅうたばる》基地（宮崎県新富町《しんとみちょう》）に24年配備される予定なのだ。

そんな立地の用途がよくわからない広大な山林が、保有目的も不明なまま中国系資本の所有になっている。当地の転売はつづいていて、14年、15年、21年と所有者は変わっているが、いずれも外資系と見られる法人同士（福岡市）による転売である。

当該地は宮崎県の水源地保全条例の対象エリア内なので、林地売買に際しては事前届出が必要であるが、事前には、届け出がなされていなかったようだ。

第四章　人気の離島

移住希望の裏事情

離島もまた国土買収のターゲットの一つとなっている。

2021年7月、島に関連する全国組織に奇妙な問い合わせがあったという。

「どこかお勧めの無人島はありませんか？」

「学校や宿泊施設をつくりたい」

こうした動きを見せていたのは中華系宗教法人（東京）だ。仏教（曹洞宗）の情報を中華圏向けに発信している新聞社で、無人島に関連学校、宿泊施設の設置を計画していた。この新聞社は今は解散したようだ。

他にも、離島への土地探索や定住希望で、外国人と思われる者からその団体に打診があったと私は聞いた。北海道、新潟県、鹿児島県などの離島である。

2022年春、本土から遠く離れたある孤島では、別の起業家たちの定住がはじまっている。「暗号資産の経済自由特区、独立国家を創るのだ」と若者に呼びかけ、金融特区の宣言などをしている。アクセスにハンディがあるというのに、そういった島へは若者たちが土地を探して定住する動きも出てきている。

人口減少著しい孤島に若い人が新たに参入して住みつくというのは、無人島化を防ぐには効果がありそうだが、島がどう変わっていくかということは見通せない。

瀬戸内海の小島を買う（山口県周防大島町）

山口県周防大島町笠佐島《かささじま》は、かつてはミカン栽培が盛んで、運搬用のコンクリート道が島を一周している小さな島だ（61ページの図1－4）（写真4－a）。島の水は豊富だが、今の実際の住民は3人だけで、島には高齢の漁師と、その妻と娘が切り盛りする民宿が1軒だけある。漁師が獲ってきたメバルやサザエが食卓に並ぶ漁師宿だ。

2017年と18年、島の見晴らしのいい南西斜面3651㎡を3人の中国人（上海市）が買収した。海に面したその土地では3段ほどの雛段造成が終わっている。

造成中の現地には、擁壁用の巨岩とバラスが船から直接クレーンで搬入され、堤防傍に積み上げられていた。ブルドーザーとトラック、生コン車が現地にそのまま置かれている。そこに戸建て別荘とコンドミニアムを建設するという。

前の海は船舶通航上のチョークポイントで、岩国基地に行くにはここを通過する必要がある。上空は米軍岩国基地と沖縄県嘉手納基地を結ぶ航路に当たる。

写真4-a　定住者3名の笠佐島（山口県周防大島町）

この地から南西方面を望むと、絶景が広がる。静かな海に無人島（野島《のしま》）がポツリと浮かび、数㎞先の海の向こうに本土が見える。まるで額縁に入った名勝の風景画のように美しい。

惜しいことに対岸に2か所、大きく赤茶けた開発地が見える。

「何ですか、あれは？」

私の取材に同行してくれた周防大島町職員に確認すると、

「あれですよ、阿月のメガソーラー」

第一部第一章に登場した山口県柳井市の「阿月MS」（阿月のソーラー群）なのだという（60ページ〜）。

柳井市のメガソーラー群と笠佐島の造成地。

二つの開発地は、チョークポイントの海峡を東西両側から挟み込むようなかたちで対峙《たいじ》している。開発の着手時期はほぼ同じ頃だ。

だれもが関心を示さない過疎地に、新たに買い手が登場すれば地主は喜んで手放す。ここ笠佐島の場合、平成バブルの頃（１９９０年）、地元の不動産業者が地元民から一旦買収し、２０１７年に上海の買い手に転売している。それゆえ、元の地主は何の抵抗もなく、売却後の転売も知らされていなかっただろう。

明るい未来が見通せない島出身の高齢者たちに「島の土地は売るな」と言うのは酷だ。子どもたちは戻って来ず、日々の暮らしに追われている中、いつ起こるかわからない未来の国家安全保障の懸念など遠すぎて考え及ばない。

ただし、この島の数年後——。

高齢の主人が漁を続けられなくなり、民宿を閉じたとき、この島を占有する者は外国人となる可能性が高い。入れ替わった外国人だけが住む島になるかもしれない。

この島に新法「重要土地等調査法」は適用されるだろうか。

残念ながら、国境離島ではないこの島は対象から外れる可能性が高い。周辺１㎞には海しかないから注視区域に入ることもない。私が今の新法が不十分と考える事例の一つだ。

この小さな島の去就は、日本列島の未来のすがたでもある。

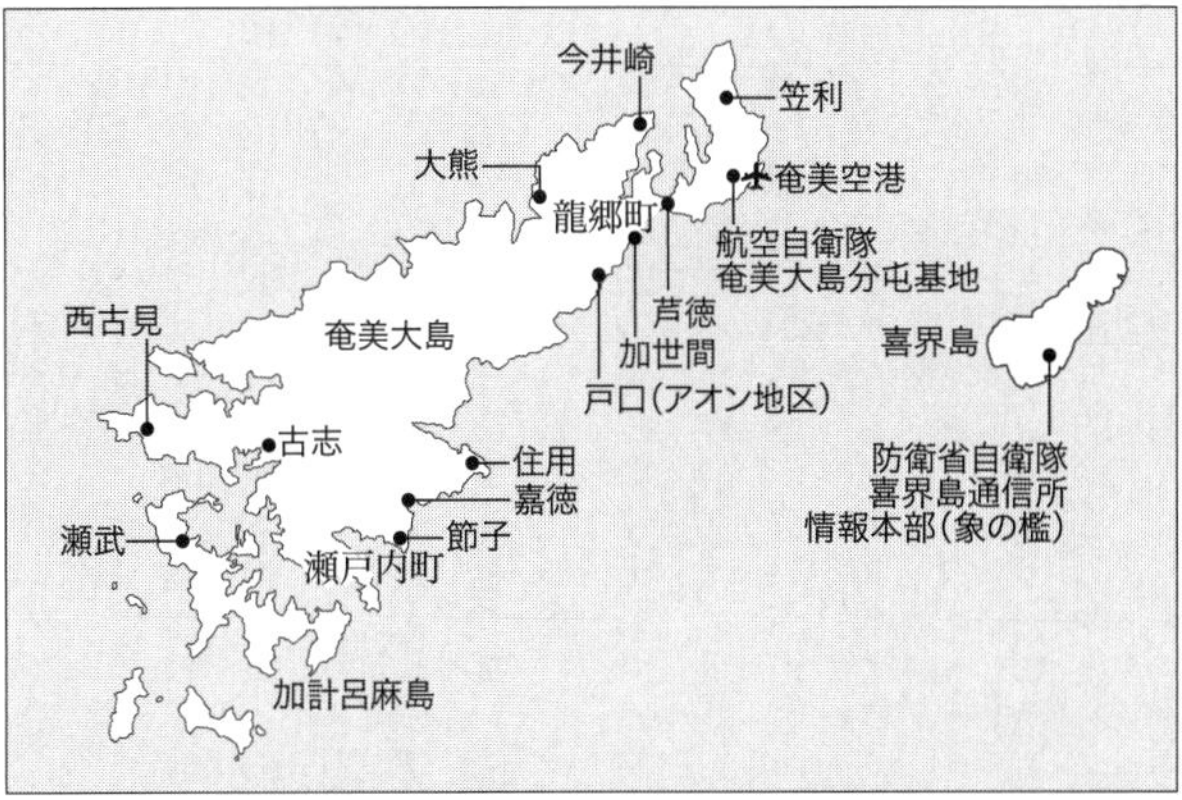

図4ーa　奄美大島の開発構想や土地買収で話題の地点

琉球弧の要衝をあの手この手で（鹿児島県奄美市）

奄美《あまみ》ほど様々なプロジェクトが手を変え、品を変えて計画され、買収名目が変わりながら土地が動いてきたところはないだろう（図4－a）。

最初に大規模な土地買収で騒がれたのは、2010年の山林伐採だ。

チップ工場の建設予定地が加計呂麻島《かけろまじま》の瀬武《せたけ》（瀬戸内町）と、奄美大島の住用《すみよう》（奄美市）であったことは、港湾占有の警戒感を生んだ。世界遺産登録を控え、盛り上がる自然保護派を敵にまわし、さして儲からないチップ目当ての伐採にここまでこだわる民間企業の事例を私は聞いたことがなかったので、その目的と背後組織を怪しんだ。

鹿児島市に本社がある大東海運産業の子会社がことの主役だったのだが、バックについたスポンサーはどこだったのか？　わからずじまいだったが、結局、反対運動の声の大きさに抗しきれず、しばらくして計画は下火になり、そのまま立ち消えになった。

その後はリゾート開発名目の土地買収が、16年頃から奄美大島の龍郷町《たつごうちょう》を中心に進んだ。代表的な買収は香港に本社を置く総合商社の会長（当時）によるもので、龍郷町戸口《とぐち》（通称アオン地区）の海につながる計1万9300㎡を取得している。同社はインテリジェンス系の分野もカバーする。会長夫人はアジアの海運王と呼ばれた香港財界の重鎮の娘で、中華圏に幅広いネットワークをもっている。そこに私設美術館を設け、一部公開しているが、17年以降、その周辺の地上げが盛んで、島外資本（東京）の買い占めと転売が続いている。

アオン地区の高台からすぐ目の前の洋上に見えるのが、喜界島《きかいじま》だ（写真4－b）。防衛省情報本部が設置する通称「象の檻《おり》」（高性能無線電波傍受施設）がある。当地の周辺の海岸線沿いが急速に買い占められているのは、この「象の檻」への近接性や海底ケーブルの存在が関係している可能性があると私は推察している。

さらに18年になると、もう一つ新しいアプローチが奄美に始まった。

クルーズ船の寄港地という大型開発構想である。計画地は最初、北部の芦徳《あしとく》（龍郷町）だったが、その後は西端部の西古見《にしこみ》（瀬戸内町）に移った。

7000人の外国人（大半が中国人）を乗せた大型クルーズ船が、人口30人ほどの西古見に着岸するという構想である。インフラ未整備の奄美大島では大渋滞、大混乱が避けられないから、地元は揺れた。それでも国交省は「建設費は民間資本によるから」と西端部の西古見にこだわったが、瀬戸内町側がオーバーツーリズム（観光客増による環境公害など）を懸念し、誘致の断念を発表したので、19年に立ち消えになっている。

写真4-b　戸口（アオン）地区から喜界島を臨む（鹿児島県龍郷町）

　リゾート名目での海岸部の買収はその後も、あの手この手で続いている。

　当地の地価高騰は続いていて、人気の場所はやはり海岸線である。太平洋を望む加世間《かせけん》、戸口、笠利《かさり》と、北側の東シナ海を望む芦徳周辺の土地が動いている。

　最近では、北部の要衝、芦徳海岸の今井《いまい》崎《ざき》灯台につながる岬の突端部分も買われた。22年4月のことで、鯨浜と呼ばれる海浜一帯の1万3200㎡が地元ブローカーによって地上げされた。かつては農業も営まれていた場所である。地権者に聞いてみると、

「ここは国立公園なので開発が難しい。キャンプ場として使いたいらしい」ということだったが、その用途は鵜呑みにできない。

地元不動産業を営むI氏の話も聞いた。

「21年の1年間で手数料収入4000万円（売上げ7億円）を稼いだ」

とは言うものの、売った先のことなど、肝心のところは「貝」になって教えてくれなかった。

奄美のリゾート人気や自衛隊基地の増強配置など、総合的に考え合わせると、「海岸部の売り先は中国」という可能性は高いと私は思う。

こうした中、決してアクセスがいいとは言えない西部の集落、古志《こし》（瀬戸内町）で、18年より温室でのバナナ栽培がはじまっている。巨大ビニールハウスが30棟以上も並び壮観である。古志は天然の良港だが、奄美市中心部から車で2時間近くもかかる。

「なぜこんな不便な過疎集落で事業をはじめるのだろう」と地元民は訝しむが、通常の経済活動では選ばない場所を栽培地にしている。

束ねられた一団の土地（農地）が今後、経営難によるM&A等で、外資の手に渡っていくなら要注意である。当地は見方によれば要衝地であるからだ。

奄美には19年以降、ミサイル基地が2か所（大熊《だいくま》＝奄美市、節子《せっこ》＝瀬戸内町）設置されるなど、防衛上の重要地区としての位置づけが高まっている。防衛体制の南西シフトの拠点になっていくだけに、目が離せない。

宮古島の怪（沖縄県宮古島市）

似たような話は、宮古島（沖縄県）でもある（図4-b）。

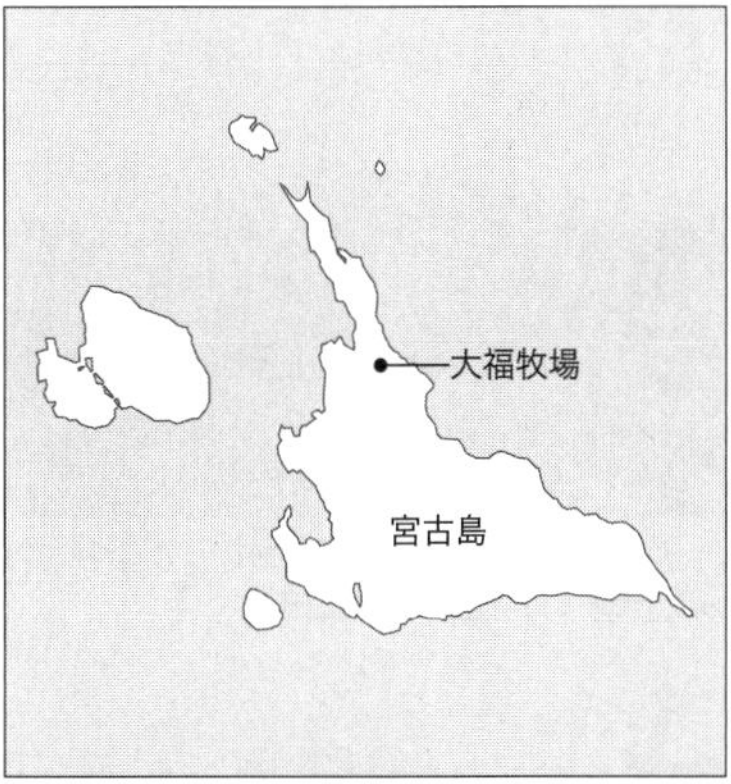

図4-b　SSM（地対艦ミサイル）の配備候補地とされていた大福牧場（沖縄県宮古島市）

島内で最も標高の高く、太平洋と宮古海峡に向かって開けた一帯が大福《だいふく》牧場周辺だったが、ここもまたキナ臭く、水面下のデリケートな話題を提供してきている。

2014年、この海沿いのエリア4・8ヘクタールを中国系企業が購入し、翌15年には隣接した海岸部分の0・5ヘクタールの土地も取得した。この企業グループは九州を中心に手広く事業を展開していた法人（福岡市）で、本書では西海市、都城市の項でも登場する企業である。

4・8ヘクタールの土地の方は14年に転売され、期間20年のソーラー発電が別の事業者によって始められている（写真4－c）。台風にも耐えられるようコストをかけ、周囲に珊瑚《さんご》石の堅固な壁をめぐらせており、敷地の入口には監視カメラが辺りを睨んでいる。

しかし、当地周辺の土地は思わぬ側面をもっていた。15年、琉球新報は陸上自衛隊施設の宮古島への配備について、政府が予定地を2か所に絞ったことを報じたのだが、その予定地の一つに当地（大福牧場周辺）がなっていたのだ。

報道の直後、島内2か所のうちの1か所に地対艦ミサイル（SSM）を、もう1か所に地対空ミサイル（SAM）を配備する計画であると、防衛大臣は宮古島市長に伝えた。当初8か所あった候補地を2か所に絞り込んでいく過程で、地上げ屋たちは候補地と噂される場所にあたりをつけ、買収を進めてきたことだろう。

ここの大福牧場周辺がどの段階まで本命視されていたかどうかは不明だが、SSM基地の

写真4-c　福岡の法人が買収、転売した計5.3ヘクタールの土地（沖縄県宮古島市）

候補地のすぐ傍の海岸部を中国系企業がいったん買収していたことは、意味深長だった。

結局、当地は水質汚染への懸念があるとされ、最終予定地にはならなかったが、予定していたサイトを先買いされてしまったという事実は重い。最適なサイトを失ってしまった可能性があるのだ。

合法的にこのような妨害行為ができてしまうのなら、我が国の法律に不備があると言わざるを得ない。防衛基地の設置計画が決して漏れない仕組みを再構築するか、あるいは安全保障にかかる重要国土については、その不動産売買の凍結をかけられる規則の制定が必要だと私は考える。

ちなみに20年10月、ソーラー用地に隣接していた海岸部分の0・5ヘクタールの土地の方は、先の中国系企業から地元の建設会社へいったん転売され、さらに21年7月に別のリゾート業者に転売されている。その細長い海岸部分の土地の用途は今も不明である。

垂涎《すいぜん》の孤島（沖縄県北大東村）

絶海の孤島でいうと、沖縄のはるか南東に位置する沖大東島《おきだいとうじま》をめぐる動きも無視できない。

別名ラサ島とも呼ばれる沖大東島は無人島で、かつては海鳥の糞《ふん》からなる有機リンで覆われていた。島全体の地権者であるラサ工業株式会社（本社　東京）は、大正から戦前にかけて、ここの有機リンを農業用肥料として採り尽くした。

現在は日米地位協定に基づく米海軍と自衛隊の共同使用地（射爆撃場）になっている。この島の存在がもたらす排他的経済区域（ＥＥＺ）は日本列島の総面積３７８０万ヘクタールに匹敵するほど広く、地政学的な観点からもきわめて重要な島で、最重要国土といえる。

ところで、２０１０年、ラサ島の地権者であるラサ工業株式会社の一部門（シリコンウェーハ再生事業）が、Ｍ＆Ａによって株式会社ＲＳテクノロジーズに譲渡・賃貸され、ＲＳテクノロジーズはその後、大きく飛躍して上場企業（本社　東京）に発展している。

このＲＳテクノロジーズがラサ島を意識して創設されたことは、その社名からもうかがえる。

「（社名とした）『ＲＳ』は『ラサ』をアレンジしたものだ」

ＲＳテクノロジーズの方永義《ほうながよし》社長が登場するインタビュー記事（「経済界」17年7月号）の中で、取材した関慎夫《せきのりお》氏はそう報じている。記事のプロフィールによれば、方氏は中国福建省の生まれで、14年に日本に帰化した、とある。

ＲＳテクノロジーズに出資したＥ商事（方永義代表、当時）は、13年3月20日に上海電力との提携（建設開発と共同運営）を公表後、共に経団連の会員となっている。

今日、上海電力とＲＳテクノロジーズは、発電事業分野と半導体分野の新興勢力の雄として、それぞれ大いに成長を遂げているが、これらの企業の将来の影響力を併せ考えてみたとき、私は少しばかり戸惑う。

（経済活動と安全保障の両睨みについて、「経済安保推進法」はできたけれど、大丈夫か）

（絶海の孤島・ラサ島がもつ、その地政学的な要素を忘れていないだろうか）

ところで、第一部第一章のメガソーラー二つ（岩国市の「岩国ＳＭＷ」と柳井市の「阿月ＭＳ」）と、陸上風力（北海道当別町）の計三つの項で登場してきたＲＳ社（アール・エス・アセットマネジメント株式会社）もまた、同じＲＳを付していたので、社名の由来はたまたま同じなのかなと思い、ＲＳ社に尋ねてみたが、同社からの回答はなかった。

□コラム
孤島消滅

なぜか小さな島が消滅し、その原因が自然波浪ではないかとの記事が散見されるようになった。

　ここ2年のことだが、北海道猿払村《さるふつむら》のエサンベ鼻北小島《はなきたこじま》、函館市沖の汐首岬南小島《しおくびみなみこじま》、新冠《にいかっぷ》町《ちょう》の節婦南小島《せつぶみなみこじま》の三島である。これらは流氷によって削られたり、地震によって海中に沈んだり、護岸に組み込まれたものと見られているが、詳細は不明だ。これによって我が国の領海や排他的経済水域（EEZ）の基線が変更され、国土が減っている。他に存在そのものが確認されなくなった島が五つある。日本列島の外郭を形成している国境離島の保全も心もとなくなっている。

　沖《おき》ノ鳥《とり》島（東京都）はもっとも国益に資する有名な孤島だが、大丈夫だろうか？　この島一つで、日本の国土総面積（3780万ヘクタール）を超える4000万ヘクタールのEEZを形成しているが、中韓はそろってこれが島ではないとクレームをつけている。そればかりか、中国の海洋調査船は2021年に三度、沖ノ鳥島沖で調査活動をしていたことも確認されている。

第五章　新たな標的は産業インフラ

物流団地を買収

ここ15年余りを見ていくと、外資の国土買収は三つの波があったと私は思う。

①　２００８年頃～　リゾート・水源林・都心マンションなど
②　２０１３年頃～　再エネ用のソーラー用地、風力発電用地など
③　２０１８年頃～　農地、離島、流通団地など

対象となる土地のカテゴリーを増やしながら、列島全体に広がっている。

その中で物流拠点、流通団地は、グローバル化が目立つ新しいインフラである。

例えば大田《おおた》公設市場（東京都中央卸売市場大田市場）の青果・水産部門に中国系バイヤーの存在が認められて数年になる。外国人が卸売りの分野に参入し、食品流通のショートカット

が始まっている。

コロナ禍の中、ここ2、3年はオフィス用施設が減る一方、物流産業や小売りメーカーが自社所有の流通拠点を持ちはじめている。電子商取引（ＥＣ）事業やネット通販の拡大によって物流施設の重要性が注目され、投資が進んでいる。

本来、土地という不動産の保持は、企業の収益性を下げる。収益性を算出するときの分母を大きくするからだが、自前の不動産を持つ動きが見られる。「レンタルよりも所有」を選択するのはなぜなのか。自前の拠点づくりは将来性をもつのだろうか。

その一つ、ニトリは20年に自社所有の物流拠点を確保していくことを発表した。21年からの5年間で総額２０００億円（その後、３０００億円に上方修正）を投じて全国8か所（石狩市、幸手市《さって》（埼玉）、飛島《とびしま》（愛知）、神戸市など）で大型物流倉庫を建設するとした。

第二部第一章「組み込まれていく港湾」の項でもふれたように、ニトリは博多湾に浮かぶアイランドシティの突端部、4ヘクタールを競り落としたし、川崎市京浜《けいひん》地区のＪＦＥホールディングスがもつ港湾近くの20・8ヘクタールの土地も４５０億円で取得する予定（24年12月）だ。

グローバルかつ長期的な視点で見れば、日本の物流倉庫、流通団地等を自前でもつことに勝機があるということなのだろう。戦略的な産業インフラとしているのだ。

海外戦略としても積極的だ。23年に米国での出店をすべて引き揚げる一方、23年末までに中国での出店を100店まで拡張するという。

工業団地を買収（北海道白糠町）

ここにきて、製造業――工場団地が魅力的だという声も上がっている。

「ここは製造業の楽園だな」

札幌近郊の工業団地を視察した中国の大手製造業者のトップはそう漏らした[1]。日本の工業団地は水がきれいで豊富だし、電気インフラも整っていて、排水処理も行き届いているからだ。

地方の工業団地が備えているのは、こうした用水、電力、排水面でのアドバンテージだけではない。港湾・空港へのアクセス、人件費の安さなどから考えても、諸外国より魅力的だから、わが国の工業団地には国際的な優位性があると評価されはじめている。

何よりも、外国人の土地取得に何ら制限はなく、また一、二、三次産業を問わず、中国からの資産を合法的に移転でき、制限なし（放送、船舶などごく一部を除いて）で産業活動に参入できることのメリットは大きい。

ビジネスを立ち上げれば、経営管理ビザなど、長期間滞在できるビザなども容易に取得で

写真5-a　中国系企業が操業する工業団地の敷地面積は2.5ヘクタール（北海道白糠町、同社YouTubeチャンネル「EZO SHIKA & Life」より）

きるし、地方自治体は固定資産税を減免までしてくれる。おまけに、買った不動産を私有財産とすれば、その財産は憲法（第29条）によって確実に保障されている。

だから日本の工業団地を買う。

このまま進んでいくと、中国製造業の日本工業団地への進出が各地で見られるようになる可能性さえある。インバウンドは観光業界だけではなく、製造業においても有望な日本進出の潮流になっていくのだ。

すでに北海道の白糠町では中国系企業の「日中物産株式会社」（現　株式会社北海道えぞ鹿ファクトリー）が町内の工業団地において操業を開始している（写真5－a）。その2・5ヘクタールの敷地にはヘリポートがあり、13年の竣工《しゅんこう》式には中国の駐札幌総領事も出席した。白糠町は同社に対し、これまで1億円以上の助成金を出している。

「日中物産株式会社」から海上保安庁釧路航空基地を併設する釧路空港までは、3㎞。太平洋の波打ち際までの直線距離はわずか500mと好立地なので、当地の用途は、様々考えられるだろう。

同社の隣接工業団地には株式会社神戸物産によって設置された大型木質バイオマス発電所があり、株式会社神戸物産の創業者が開校した掘削技術専門学校（学校法人ジオパワー学園）もすぐ目の前だ。バイオマス・ジオ発電などの自然エネルギー型産業が、道東地区のグローバルな新分野として捉えられている。

（1）日本製造業「コロナ後」再生の道（「選択」20年5月号）

半導体工場TSMCがやってきた（熊本市・菊陽町）

「中国の企業が水前寺江津湖《すいぜんじえづこ》（熊本市）に隣接する土地を買収したという噂を聞きました。江津湖は熊本市の水源ですが、既に中国企業の手に土地が渡り、開発が始まっているとのこと。しかし地域住民は何も知らされていない様子です。何とかしたいのですが……」

2021年、熊本に住む自然保護の専門家がそう連絡してきた。

江津湖は阿蘇《あそ》の伏流水が湧く、豊富な地下水を象徴する場所だが、報道（西日本新聞）によると、その江津湖に隣接する約１３００㎡の土地を、中国資本が19年、２億円で買ったという。買収者の登記簿上の住所は北京市内の雑居ビルの14階。そこは水源地専門の不動産投資会社になっていたと報じた。

中国では…富裕層は海外に不動産を所有し、国内の政治、経済的リスクに備えてきた。だが米中関係の悪化で米国での不動産所有に代わって『規制が緩く、制裁リスクの低い』（北京の不動産業界関係者）日本が注目されている。（「西日本新聞」21年８月29日）

こうした日本人気が続くなら、熊本への投資活動（土地買収）は今後もっと加速するだろう。熊本という地が持つ魅力は、きれいで豊富な水資源、清涼な空気、そして広大な土地である。台湾のＴＳＭＣとソニーグループによる菊陽町《きくようまち》への進出も「水目的」とされている。

ＴＳＭＣは20年以降、生産能力に不可欠な水（超純水）不足で稼働中断の懸念が出てくるなど本国で苦戦していたが、その点、菊陽町の新工場は安心だ。阿蘇からの地下水で１００％の供給がまかなえる。

すでに熊本では、複数の台湾企業がジェトロ（日本貿易振興機構）を通じて進出計画を決めたり、台湾企業の代理人を名乗る者が熊本県内の半導体関連企業のトップにＭ＆Ａを提案するなど、現地は活況を呈している。

ただ私たちは、ＴＳＭＣ自体もある意味「外資」であることに留意すべきだろう。台湾と中国を区分して、別物と考えすぎてはいけない。中国資本や中国系台湾資本も当然ながら交じる。スクリーニング（審査）ができない日本の経済安保体制を前に、熊本県など各自治体は受け入れざるを得なくなっている。

一般的に先端技術をもつ各種研究所や工場の隣地は外国資本に狙われているように私には思える。そこにはなぜかソーラーや風力発電名目の再エネ施設などがすり寄るように設置される。群馬県富岡《とみおか》市のＩＨＩエアロスペースのロケット工場付近がそうだし、防衛装備庁千歳試験場の近くもそうだ。

当地でも、ＴＳＭＣの周辺土地を株式会社Ａ設計が買収したようで、そこにＴＳＭＣの工場職員の居住用マンションを建てる計画があり、同社顧問を務める投資会社代表の中国人との関連が注目された。盗聴・監視、情報漏洩《ろうえい》などが懸念されるが、今後、コストを下げられる中国製品や欧米では拒絶されているファーウェイの製品等が、これらの経路によって今まで以上に導入されていく可能性があるだろう。

第六章　教育もグローバルビジネス化

外資の大学買収

「平野さんは今、教育分野にいるから教えてほしいんだけれど、日東駒専《にっとうこません》クラスの大学を買いたいって言う中国の知人がいる。どこかいいところないですか？」

2016年11月、知り合いの弁護士からそう聞かれたことがある。経営難の日本の大学を買収してリメイクして、留学生を呼び込もうという話だったが、さすがに即答できなかった。

留学生を呼び込まないと、地域の高等教育機関は継続できない――こうした厳しい経営事情は韓国も同じだ。16年には、財政難で廃校の危機に追い込まれていた私立「韓中大学」が中国の武昌理工学院に買収されている。韓国では初めてのケースだったという。

日本でもここ5、6年で外資系や中国とかかわりの深い日本の学校法人によって買収されるケースが出てきている。

大学キャンパスを買うⅠ（北海道苫小牧市）

２０１８年、工業港湾都市・苫小牧市にある苫小牧駒澤大学（公設民営）で学校買収の話が決まった。買収したのは学校法人京都育英館（京都市）である。同法人は13年に設立され、外国人学生だけを擁した関西語言学院等を運営する学校法人育英館を母体とした学校法人である。育英館は中国・瀋陽市にある東北育才外国語学校（中高一貫校）を合弁で設立してから発展している。

苫小牧駒澤大学の買収に際し、京都育英館は苫小牧市から、15ヘクタールのキャンパスと建物、図書館（蔵書含む）を提供されている。このうち10ヘクタールは譲渡され、残りの5ヘクタールは無償貸与された。同大学関係者によると、総額50億円が京都育英館へ譲渡されたという。

しかし入学者は集まらず、大学としての認証評価（第三者評価）は17年度に続き、19年度も「不適合」となり、一部の国庫補助金は打ち切られている。

当時の苫小牧市長は一連の譲渡について「廃校を避けたいという思いが強く、やむを得ない選択だった」（『産経新聞』17年6月19日）と述べていたが、今日の状況になることを想定せずに身売りしたとすれば、無頓着すぎるとの批判があっても仕方がない。

大学名は21年に「北洋大学」と変更され、再出発を遂げたが、苦戦は続いている。

この北洋大学だが、今後は同学校法人グループが名古屋に設置予定（24年）の大学院のサテライト校として活用される計画がある。中国国内の大学を卒業した社会科学系の学生を苫小牧キャンパス等へ送り込み、就学させた後、就職させようというもので、実質的な入学者はほぼ海外（中国）となる可能性がある。

全国的な傾向だが、今後、減りゆく国内学生を補うため、経営難の私立学校がさらに留学生に頼っていくケースが増え、この北洋大学と同じようなプロセスで衣替えし、生き残りをかける事例が各地で見られるようになるだろう。

大学キャンパスを買うⅡ（北海道稚内市）

悩ましい大学経営の話は稚内市にもある。

公設民営の稚内北星学園短期大学は１９８７年に創立されたものの、学校経営が立ちいかず、２００１年に廃止され、身売り話が続いていた。ここでも救世主となったのは前項と同じ学校法人育英館のグループである。苫小牧駒澤大学の買収があってから、２年後の20年だった。

稚内市は買収に際し、キャンパスの土地（８万５５８７㎡）と建物（１万２４５９㎡）の無償移管を決め、さらに５０００万円の支援（税金）を5年間続けることを約束した。

京都育英館は、新たな学校法人北辰学堂をつくり、学校経営を再出発させている。22年、大学名は「育英館大」となり、「稚内の大学」としての色は薄まっている。留学生数は38人（19年）から52人（22年）に増えている。内訳は、中国30人、ネパール20人、ベトナム2名である。新入生のうち、京都育英館本部がある京都のサテライトキャンパス分が占める割合が7割以上となる一方、稚内キャンパス分が占める割合は3割以下に低下している。稚内市で学ぶ期間が短くなっているということである。

これまでの動きに対し、「稚内市が置かれた厳しい経済社会条件の下では致し方ない」という人もいるかもしれないが、市民のためにプラスになって貢献しているかといえば、正直、市民は複雑ではないだろうか。

17年に「育英館の理事の一人が中国共産党員だと駒大関係者が指摘した」と報道された（「産経新聞」17年6月19日）ことが気になるが、この先、育英館大の留学生比率はさらに高まり、中国からの留学生の受け皿に変わっていく可能性は否定できない。

中国からのこういった形の留学生の流入について、韓国は先行していたが、すでに16年、イム・ヒソン研究員（韓国大学教育研究所）は、次のような指摘をしている。

「自国（中国）の戦略と要求の中で韓国の大学を対象にした買収が行われているため、

韓国の高等教育の発展に役立つかは疑問だ」（日刊紙「ハンギョレ」電子版16年6月28日）

遠からず、この指摘は我が国にもあてはまる日が来るだろう。

なお、韓国は同国の私立大学法において「私立学校理事の定数の半分以上を大韓民国国民にしなければならない」と規定しているが、日本は学校経営において外資規制は何ら存在しない。

外資による教育ビジネス（岩手県八幡平市）

2022年8月、岩手県八幡平《はちまんたい》市安比《あっぴ》高原に開校した私立ハロウ安比校（ハロウインターナショナルスクール安比ジャパン）の本家は英国ロンドン郊外にある。このパブリック・スクールは、450年の伝統をもつボーディングスクール（寄宿学校）である。

この名門校は近年、アジア地域のタイ、北京、上海等で開校しており、安比校（八幡平市）は十番目になる。国内メディアはエリート校の開校だと、好意的に紹介した。

私立ハロウ安比校の年間学費は、900万円前後。富裕層狙いで、この学校に対して、岩手県から年間1億6400万円の補助金が5年間支給される。経営的には十分収益が上がるだろう。

当安比校の敷地は広大で、スキー場、ゴルフ場、ホテルを擁するリゾートの中にある。当地を所有し、開発を担っていたのはかつてリクルートだったが、転売が続き、16年に中国系外資の岩手ホテルアンドリゾート（IHR）が取得した。同社は管理もしている。

教育事業の実施主体（敷地の地上権者）は、香港の「合同会社 A. H. Development」だが、事実上の経営者（出資者）が誰なのかはよくわからない。再エネ発電で何度も見てきたスキームで、学校経営でも同じようなやり方が登場している。グローバル化＝不明化になっている。

22年秋には、12か国から180名が入学したが、ゆくゆくは小6から高3までの児童・生徒、計約900名を擁する7年制の学校になるという。

コンセプトや事業性はよく、イメージも良好だ。この先の八幡平市では、外国人が所有する広大な敷地の中に作られた外資の学校に外国人富裕層の子息が集い、学ぶという教育活動が続けられる。グローバルな教育が施され、グローバルな人材が育ち、世界に送り出されていく――。

外資系に詳しい教育専門家はこういう。

「英国式寄宿学校の教育を近場の日本で受けさせたいアジアの富裕層がターゲットです。富裕層を相手にした教育ビジネスですね。テレビや写真の前面に出て強調されるのは青い目と金髪の白人教師や生徒たちですが、タイなどの先例にみるように、実際、多いのは中華系でしょう」

地元への経済効果は未知数で、教育産業の利益もリゾート産業の利益もペーパーカンパニーが疑われるグローバル企業が得ていく可能性が高いと私は見る。

「関連事業に伴う税金が地元に落ちるかどうかは別問題で、おそらく『（支払われ）ない』でしょう」

中国ビジネスに詳しいコンサルタントは、さらりとそう言ってのけた。

現場の教育や管理は英国人や日本人に任せ、利益が上がる美味《おい》しいところは複雑な企業構造の下、見えない主体が得ていくようにする。タックスヘイブン（租税回避地）のファンド経由などにして煙に巻いてしまうのだ。税務当局以上のスキルをもったプロが合法的に処理していく。

教育施設（校舎、体育館、寮）の固定資産税は非課税だし、経理上の操作によって、フロント企業である合同会社に利益が出ないよう、赤字決算にもっていく。親会社の下に複数の子会社（事業会社）を作って、その法人の経費にしてしまうのだ。

だとすれば、地元には微々たる経済効果しか期待できない。レイバーワーク（下請けや時給の作業）と食材供給くらいは地元で一部が担えるが、第一部でさんざん指摘してきたＦＩ

T法のスキーム――ソーラーや陸上、洋上風力のやり口とほぼ変わりない。

教育ビジネスの現場こそ日本だが、その土地も建物も出資者が所有して牛耳り、運営の前線は英国人や日本人に任せ、そこで生まれる利益は中国へ還流されていくという仕組みである。日本国内の外資系リゾートが、中国人のリゾートになっていくという流れの一つに、教育産業も加えてしまおうというものだ。出資者は長期にわたって稼ぎ続けることができるだろう。

総領事館問題（新潟市・佐渡市）

新潟での土地買収といえば、国土買収のウォッチャーや地元の人の間では在新潟中国総領事館の移転問題が有名だ。問題がもち上がって足掛け13年になる。

少しレヴューしてみると、現在の新潟中国総領事館（10年6月開設）が借地であったことから、中国側は市内万代《ばんだい》小学校跡地の売却を要望し、その方向で少し話が進んでいた。しかし、同年9月の尖閣諸島中国漁船衝突事故によって日中関係は一変。地元では売却反対の声が一気に高まり、この話はいったん頓挫した。

その後、中国側が新しい別の土地（1万4900㎡）――川沿いの一等地を代替地として探し出し、用地売買契約は地権者と交わしたといわれる。しかし、この土地（登記は未了）

に関しても移転反対運動は引き続き根強く行われ、現地は今、更地のまま、ほぼ塩漬け状態である。

反対派の主張はこうである。

「中国では土地は買えないし、在中国の日本領事館は借地だ。なのに、なぜ新潟の領事館は河口から遡上した船がそのまま横付けできるような川沿いの、こんな広い土地が必要なのか？　治外法権となるその場所をいったい何に使うのか？」

今なお決着を見ないが、県下全体を見渡してみると、かなり多方面にわたる対中協力体制ができ上がってきている。地域のマスコミ（テレビ）も含め、特に教育分野を中心に中国側との親交は深くつながっている。

佐渡島《さどがしま》（佐渡市）には新潟国際藝術学院佐渡国際教育学院（東富有《あずまふゆう》理事長）があるほか、華山教育グループと教育交流提携をしたNSG（新潟総合学園）グループは、ICT事業（情報通信技術）にまで事業を拡大するなど、中国側との広範な交流を実現している。

現新潟中国総領事館の大家（貸し主）もまた、同グループが務めている。

終章　日本が終わっていくのを黙って見ているしかないのか

ダチョウ症候群

身の危険を感じると砂の中に頭を突っ込むというダチョウの習性に喩《たと》えた「ダチョウ症候群(1)」は、見たくない現実から目をそらし、やり過ごそうとする心の状態を表す。

それと同じ行動パターンを今の日本人はとっているように思えてならない。

本書で紹介してきたのは氷山の一角だろう。それでも見て見ぬふりを続けられるだろうか。

冷静に見ていけば、大抵の人は、おかしなことに気づくのではないか。

「買った人たちは、どうして名前を隠すのだろう？」

「後ろめたいことでもあるのか」

企みの全貌はわからないが、隠さなければならない何か事情があると考えるのが普通だろう。

このまま放置していていいわけはない。

（1）　ダチョウ症候群（ostrich complex）　目の前にある問題や危険を直視せず、何もしないでやりすごそうとする心の状態。米国の心理学者ワイナーによる用語。ダチョウが身に危険を感じた際に砂の中に頭だけをうずめ、安全な場所に隠れたつもりになっている様子に喩えたもの（出典「デジタル大辞泉」）。

2035年――日本は投降する

国家を考えることなく、商人の短期志向で目先の金儲けばかりに現《うつつ》を抜かしているうち、大きな戦略をもつ国に呑み込まれはじめている。

SGDsの美名のもとに進んでいく再エネ化、経済・エネルギーの中国依存、国力の低下。そして大陸による経済界の実効支配、軍事的優越による領海の占有、傀儡政権への継承、国家の併合……。

あらぬ方向だが、この国の帰趨《きすう》はほぼ見えている。

この下り坂は長い。

安保上の米国依存、経済上の中国依存。

バランス外交と言えば聞こえはよいが、大国同士の利害によって、日米安保も口先協力に終わり、米中関係に翻弄《ほんろう》される日がやってくるのでは……と恐れている。

ボディーガードとタニマチの二人を弄《もてあそ》んでいるつもりでいたら、その掛け持ちが嫌われ、やがて収拾がつかなくなる。曖昧な二股《ふたまた》愛は続かず、相応の冷たい仕打ちを両者から受ける。前者からは自己責任でやってくれと通告され、後者からは恫喝《どうかつ》まがいに、後者の国内法の適用を迫られる。

日本の専制国家に対する立場はもっと弱くなる。

場合によっては、米、中（ロ）の話し合いにより、やがて北海道が自由交流エリアとして、日本から切り離されるという近未来があるかもしれない。そうなると結局、どの国も他国による日本への侵略を容認するほかない。

それが、2035年頃。

このことを李鵬《りほう》首相（当時・中国）は1995年に予言していたのではないか。

この前、ちょうどAPECを控えて、我が自民党で御承知のようにAPECの問題でアメリカとオーストラリアに行ってもらったんです。そのときに、オーストラリアのキーティング首相がこう言ったんです。中国の李鵬さんと会ったらどう言ったかといいますと、日本とのいろんな話をしたら、いや日本という国は四十年後にはなくなってしまうかもわからぬと、そう言ったというんです。これはうそじゃありません、これはほかの先生みんな行って言っているんですから。それくらい軽視されているわけです、ある意味では。そこら辺をしっかり把握しないとこれは大変なことになると思うんです。

（参議院　国際問題に関する調査会会議録第二号　平成7［1995］年11月8日）

1995年、今から27年前に日本の国会議員団が豪州にいったときのエピソードを笠原潤一《かさはらじゅんいち》参議院議員が紹介したものだ。このときの豪州首相の談話は、この国の未来を論ずる際、しばしば引用されている。

「あと40年後、日本という国が残っているかどうか。わからない」――。

このくだりを私も何度か引用したことがあるが、その切実さは年々増していると思う。

未来に控えている悲観的なシナリオは、地方自治の崩壊、主権の喪失、日本色の希薄化、言語や文化の置換、そして消滅である。杞憂であってほしいが、ぼやぼやしているうち、この趨勢は止まらなくなっている。

私がこんな予測を公言するのは、次のような前提があるからである。

①国によっては、その国民性として買収した土地＝自国の領土＝事実上の占領と考えるふしがある。
②それゆえ、大規模な土地買収と、本国人や日本に帰化した人の大量移住によって、事実上の国家を形成していくというプロセスが見えはじめている。

これからは、着実に「力の強い者」や「声の大きい者」が勝つという弱肉強食の混迷の時代に還っていくが、ここでいう力や声とは、経済力（財力）であり、政治力、外交力である。財界を支配するグローバルパワー（華人）がさらに強大になり、法曹界にもおいても、優秀な日本に帰化した人が外国政府の立場から発言するようになっていったとき、やがて声の小さい日本人を追い出しにかかることも想定しておかなければなるまい。

小松左京《こまつさきょう》と司馬遼太郎《しばりょうたろう》は、それぞれ「日本売ります（1964）」と『土地と日本人（1976）』の中に著しているが、こういった日本人の社会的、精神的な弱点を見抜いていたように私には思われる。

「すべて土地を奪われることから、それらの悲劇ははじまってしまう」ということを。

今日、日本の空や海、国境離島に中国側の侵入が繰り返され、頻度が上がっている。

東シナ海の一方的なガス田開発、石垣島《いしがきじま》周辺EEZでの無断海洋調査なども由々しき問題だが、こうした国境域での厳正な開発規制を新設するという声は上がってこない。問題があるにもかかわらず放置したままというのが、この国の哀しい現状だ。

「厳重抗議」と「遺憾の意」を表明するだけの外務省は見透かされている。

国内法を整備するステップに入ろうとせず、また根本的な改善策を講じる動きにもつなげられない。

「お金と今」は大切にするが、過去の歴史への自尊をなくした日本国民は、国家を信用せず、統治を国に委託していない。国家への帰属意識が低く、国家や国益を語らず、国家の存続にこだわる次世代教育はなされていない。

こうした日本人の傾向を最もわかりやすく表した現象が、ここ15年に及ぶ「日本列島の国土買収に対する無策」であったと私は思う。「国土買収」は、一連の侵略シナリオのとっかかりで、最初のシグナルなのだが、私たちは動けないままだ。

国土と外資——法整備を急げ

安全保障にかかわる分野は、エネルギー、水、食、レアメタルに加え、医療物資へも広がっている。

国土はこうした物資はもとより、歴史・文化、知財をも生み出す国家の礎、国富のはずだが、その国土が外国人にとっての資産の移転先となったり、合同会社等の所有とされることにより、真の所有者は不明化し、見えなくなっている。

こうした中、2021年以降、新しい法律が誕生し、ようやく少しばかり日本も国家を意識するようになった。次の世代に禍根を残さない〈法体系〉としていくには、十分ではないけれど、対抗策として次のようなステップに進んでいかなければならないと私は思う。

a.「重要国土等調査法」の強化（匿名投資組合等を挟んだ不動産取得の禁止／調査対象エリアの広域化／土地売買規制の導入）
b.「経済安全保障推進法」の強化／「外患援助罪・外患誘致罪」の拡大改正
c.「日本国憲法」の改正

実現にはハードルが高く、ほとんど夢物語に近いものも混じっているが、これらが実現できなければ、この国の国家としての構造は維持できまい。知らないうちに国境は移動し、日本列島が外国に様変わりし、私たちは外国人扱いされ、その後は還る母国のない流浪の民になるかもしれないだろう。

リセットすべきは、政界だけではない。問題が極大化していくことを知りながら、何もしないまま放置する――という未必の故意を一人一人が改めてほしい。そういった傾向を変えていってほしい。

この日本列島をどう次世代へ引き渡していくか。

日本人は激しい表現をするのが苦手で、普段はなかなか自己主張をしない。でも内側にもっているその熱量は、時が来れば今まで想像できなかったような迫力をもって現れ、一団の大きな力となっていく。その日が来ることを信じたい。

あとがき

環境省にいた頃、アフリカ帰りのＮＧＯ（非政府組織）の方が、小声で教えてくれた。

「大使館はあまり発表しませんけど、サファリの観覧用の車からふらふらと降りてそのまま野生動物に近づき、襲われてしまう観光客がいるんです。たいてい日本人です」

弛緩《しかん》しているわけではない。相手を見誤っている。


ポーランド国境に近いウクライナ西部のリビウ…

長距離バス乗り場は、大きな荷物を抱えた人々であふれていた。

妻（23）をポーランドに避難させるため訪れた男性（23）は、泣きじゃくる妻を抱きしめ、「自分はリビウに残る。国のために戦う覚悟がある」と語った。

（「読売新聞」２０２２年2月25日）


私たちは、ウクライナのように抵抗できるだろうか。

22年夏、こんな話に出くわした。本書を読む前のみなさんにこの話をしたら「陰謀論」のひと言で一蹴されたかもしれないが、今ならどう捉えるだろう。

ある知人が、20年を超えるつき合いがある道東の不動産業者の行状がどうもおかしいので問い糺《ただ》したという。

「あいつは白状したんだ。『中国側の利益になるよう活動してる』って。『やらなければ死んでしまうところだったんだ、仕方がなかったんだ』とも言い訳をしながら……」

当の本人にしてみれば、自らの一生と行く末を秤にかけ、自身のこれからの生き方をそう結論付けたのだろう。

そういった任務を持ちながら、その国のために本気で働いている。日本という自国ではなく、他国のために命がけで働いている日本人が、今この国にいるのである。

正直に言うなら私を突き動かしているものは過去と過疎に対する喪失感や感慨が少しばかり。それと、未来に対する肌感覚の脅威と恐怖である。

調査のために現地に出かけていくと、摑みきれない現状や抗しきれない現実を前に、足取りが重くなることがしばしばある。空振りもたくさん、数知れないほど経験した。

「どうしてこんなことをいつまでも続けているのだろう」

そう自問して悩んだこともある。

けれども、このテーマに向き合い続けることの大切さは現場からの帰途につくたびに痛感する。せめて多くの人たちにこの惨状を知っていただければ、という思いを強くする。

本書は多くの協力者たちに支えられ、でき上がっている。

問題意識をもっておられる現地の方たちとのささやかな連帯感と、明日への少しばかりの使命感のようなものが支えになっている。不安を抱える現地の方々の話を聞き、事例をつなげていくことは大切な仕事だと思う。

「一念岩をも通す。以《もっ》て瞑《めい》すべし——」

道のりは遠く、勝てそうにない抵抗かもしれない。

願いが叶えられる確率は高くはないだろう。でもニーズはあると信じ、買収事例を集めることをこれからも続けていければと思っている。

お世話になった全国の皆さんに、また前著『領土消失』に続いて編集をご担当いただいた堀由紀子さん、同志の宮本雅史《みやもとまさふみ》氏にお礼を申し上げたい。

２０２３年５月

平野秀樹

平野秀樹（ひらの・ひでき）
1954年、兵庫県生まれ。姫路大学特任教授。九州大学卒業後、農林水産省入省。環境省環境影響評価課長、農水省中部森林管理局長、東京財団上席研究員などを歴任。大阪大学医学部講師、青森大学薬学部教授も務めた。博士（農学）。主な著書に『日本はすでに侵略されている』（新潮新書）、『日本、買います』（新潮社）、『領土消失』（共著、角川新書）、『奪われる日本の森』（共著、新潮文庫）。

サイレント国土買収《こくどばいしゅう》
再《さい》エネ礼賛《らいさん》の罠《わな》

平野秀樹《ひらのひでき》

2023 年 6 月 10 日　初版発行

発行者　山下直久
発　行　株式会社KADOKAWA
〒102-8177　東京都千代田区富士見 2-13-3
電話　0570-002-301（ナビダイヤル）

装 丁 者　緒方修一（ラーフイン・ワークショップ）
ロゴデザイン　good design company
オビデザイン　Zapp!　白金正之
印 刷 所　株式会社暁印刷
製 本 所　本間製本株式会社

角川新書

ISBN978-4-04-082435-2 C0231

KADOKAWAの新書 好評既刊

塀の中のおばあさん
女性刑務所、刑罰とケアの狭間で
猪熊律子

女性受刑者における65歳以上の高齢受刑者の割合が急増中。彼女たちはなぜ塀の中へ来て、今、何を思うのか？　受刑者、刑務官の生々しい本音を収録。社会保障問題を追い続けるジャーナリストが超高齢社会の「塀の外」の課題と解決策に迫る。

日本アニメの革新
歴史の転換点となった変化の構造分析
氷川竜介

なぜ大ヒットを連発できるのか。『宇宙戦艦ヤマト』から新海誠監督作品まで、アニメ史に欠かせない作品を取り上げ、子ども向けの「テレビまんが」が、ティーンエイジャーや大人も魅了する「アニメ」へと進化した転換点を明らかにする。

サバービアの憂鬱
「郊外」の誕生とその爆発的発展の過程
大場正明

米国において郊外住宅地の生活が、ある時期に、国民感情と結びつくかたちで大きな発展を遂げ、明確なイメージを持って定着するようになった――。古書価格が高騰していた「郊外論」の先駆的名著が30年ぶりに復刊！

精神医療の現実
岩波　明

トラウマ、PTSD、発達障害、フロイトの呪縛――医学や治療の現場では、いま何が起こっているのか。多くの事例や歴史背景を交えつつ、現役精神科医がその誤解と偏見、理想と現実、医師と患者をめぐる内外の諸問題を直言する。

増税地獄
増負担時代を生き抜く経済学
森永卓郎

さらなる増税地獄がやってくる――。いまの政府が目指しているのは、国民全員が死ぬまで働き続けて、税金と社会保険料を支払い続ける納税マシンになる社会だ。我々は、暮らしの発想の転換を急がなくてはならない！